U0576528

全本全注全译丛书

中华
经典
名著

王秀梅◎译注

诗 经 上
国 风

中华书局

总　目

下册

上册

前　言

　　《诗经》是我国最早的一部诗歌总集,是我国诗歌的生命起点。它收集和保存了古代诗歌305首(另有6篇只存篇名而无诗文的"笙诗"不包括在内)。《诗经》最初只称为《诗》或"诗三百",到西汉时,被尊为儒家经典,才称为《诗经》。这些诗当初都是配乐而歌的歌词,保留着古代诗歌、音乐、舞蹈相结合的形式,但在长期流传中,乐谱和舞蹈失传,就只剩下了诗歌。

　　《诗经》是按《风》《雅》《颂》三类编辑的。《风》大多为周代各地的民间歌谣,是三百篇中最富思想意义和艺术价值的篇章。《风》又叫《国风》,包括《周南》《召南》《邶》《鄘》《卫》《王》《郑》《齐》《魏》《唐》《秦》《陈》《桧》《曹》《豳》十五部分,收诗160篇。根据十五国风的名称以及诗的内容,大致可推断出诗的产生地相当于现在的陕西、山西、河南、河北、山东和湖北北部地区,地域相当辽阔。《雅》是周人所谓的正声雅乐,又分《小雅》和《大雅》。《小雅》74篇,大部分是贵族宴享时的乐歌,也有一部分是民间歌谣;《大雅》31篇,是诸侯朝会时的乐歌。这些诗大多产生于西周、东周的都城地区,即镐京(今陕西西安)和洛邑(今河南洛阳)。《颂》是朝廷和贵族宗庙祭祀的乐歌,又分《周颂》、《鲁颂》和《商颂》。《周颂》31篇,是西周初年祭祀宗庙的舞曲歌辞,产生地在镐京。《鲁颂》4篇,是鲁国贵族祭祀宗庙的乐歌,产生地在今山东曲阜。《商颂》5篇,是宋国贵族祭祀其祖先商王的颂歌，产生地在今河南商丘。

《诗经》作品产生的年代，大致说来，最早为西周初期，最晚至春秋中叶，以公元来计算，为公元前十一世纪到公元前六世纪，历时五百多年。

关于诗三百篇的作者，古代学者作了许多考证，探寻出多篇作品的作者姓名。这些成果，有的被大家所公认，有的却不那么让人信服。因《诗经》中大部分作品为民歌，是经过长期流传，不断加工而成的，作者虽有个人，但大多是群体，他们的名字是不会流传下来的。即使那些文人、官吏或贵族的作品，有的在诗中也说明了作者的姓名，如《小雅·节南山》"家父作诵，以究王讻"、《巷伯》"寺人孟子，作为此诗"、《大雅·崧高》"吉甫作诵，其诗孔硕"，作者的名字"家父""寺人""吉甫"我们知道了，但他们的身份、生平却淹没在历史长河中。能确知作者的只有《鄘风·载驰》等极少数篇章。我们在阅读这些诗作时，如能分析出作品大约出于哪个阶层、哪个时代就可以增进对其内容的了解。

这些流传前后约五百年的诗歌，又产生在如此广阔的地区，是如何收集和编辑起来的呢？对这个问题，历来众说纷纭，归纳起来，一是采诗说，一是献诗说。据说"采诗"是上古时代的一种制度，到周代还有采诗官，他们称"行人""遒人"或"轩车使者"，专门负责到民间采集民歌民谣，然后上报朝廷，目的是便于朝廷了解民情，以便察看朝政的正误得失。献诗说在《国语·周语》中有记载："天子听政，使公卿至于列士献诗，瞽献曲，史献书。"目的也是"观风俗，知得失，自考正"。这些选择来的诗经过筛选整理，大约在公元前六世纪编定成书。

历史上还有"孔子删诗"说，《史记·孔子世家》记载："古者诗三千余篇，及至孔子，去其重，取可施于礼义，……三百五篇，孔子皆弦歌之，以求合韶武雅颂之音。"以此来看，诗的编定工作是由孔子完成的。对此，古人就提出怀疑。据《左传》襄公二十九年记载，吴公子季札到鲁国观周礼，鲁国乐师为他演奏了十五国风和雅、颂各部分乐歌，其编排顺序与流传至今的《诗经》大体相同，而那年孔子才八岁，怎么能做删诗工作呢？《论语·子罕》中记载了孔子的一段话："吾自卫返鲁，然后乐正，雅、颂各得其所。"看来孔子曾为三百篇做过正乐，即纠正曲调错误的工作。这是可能的。总之，《诗经》是经过很多人长时间的收集整理加工而成书的，非一人一时之功。

这些远古时代留下来的诗篇，千姿百态，内容非常丰富，它如同一幅幅生动的画卷，真实地描绘出两千五百多年前那漫长历史时期各阶层人们的生活状况以及社会面貌。

在那个时代，周王朝及各诸侯国的统治者相互攻伐，对民众横征暴敛，民众生活艰辛困苦，《诗经》中很多篇章对这些普通民众的生活作了详细的记录。最典型的要数《豳风·七月》，它生动具体地记述了劳动者一年四季的生活，从春到冬，不停劳作，耕种收割，采桑摘茶，养蚕纺织，砍柴打猎，凿冰酿酒，筑场盖屋，周而复始，没有一刻闲暇。统治者享受着他们的劳动成果，过着优裕的日子，而劳动者却住破屋吃瓜菜，"无衣无褐"，二者形成鲜明对照。在《魏风·伐檀》中，指斥统治者不耕不稼，不狩不猎，却粮满仓兽满院。在《魏风·硕鼠》中，把统治者比喻成贪吃的大老鼠，喂肥了自己，却不顾百姓死活，因而百姓发誓要离开他们，到那没有硕鼠的理想国去。

繁重的徭役和兵役也给人民带来了深重的灾难。他们四处奔波服役，长年不能回家，《鸨羽》写王事没完没了，征人无法赡养父母的痛苦。《东山》写戍卒在外的悲哀和归家途中的悲喜交集。《击鼓》写戍卒思归不得的哀叹。伴随着徭役、兵役的繁重，士兵厌战思乡，妻子怀念征人，还出现了一些离人思妇之作。《伯兮》写女子思念远征丈夫，无心梳洗，相思成病。《君子于役》写女子在暮霭中望眼欲穿，渴望丈夫早日归来。

爱情是诗歌的永恒主题，《诗经》中对爱情和婚姻也有较多的描绘。这些诗，有的写出爱情的欢乐，有的诉说相思的痛苦，有的反映妇女被遗弃的悲惨。对爱情中的各种表现和心理变化描摹得真挚动人，是《诗经》中极富情采的篇章。全书的第一篇《关雎》就是一首情歌,写一个青年追求"窈窕淑女"而不得的焦虑和痛苦。《采葛》写一位男子对采葛姑娘的爱慕和思恋,一日不见,有如"三月""三秋""三岁"。《静女》写男女约会时,等待的焦急及会面的欢乐。特别值得一提的是《氓》这首长诗,把女子恋爱、结婚、婚后生活和被遗弃的遭遇完整地描述出来,表现了她命运的不幸和性格的刚强。

《诗经》中还有一些政治讽喻诗,大约是一些富有正义感,对国家命运比较关心,或不得志的文人、官吏的作品。他们揭露当权者的昏聩,批评执政者排斥贤才听信谗言,指斥一些权臣拉帮结伙、妒贤嫉能。还斥责统治者采用荒唐的治国策略,导致国家危机四伏,民众苦不堪言。《小雅》中的《节南山》《正月》《十月之交》《雨无正》就是其中的代表作。这些诗不仅对认识当时的社会很有意义,就是今天,也是关照社会的一面镜子。

《诗经》中还有一些反映周部族发展的史诗,如《大雅》中的《文王》《大明》《绵》《生民》《公刘》等篇,详细地记述了周族祖先创业的艰难,有的还带有神话色彩,诗的篇幅虽长,可读来毫不枯燥。

《诗经》中有相当篇幅是颂歌祭歌,这些或歌颂祖先,祈求降福子孙,或歌颂在上者的功德,思想价值不是很大。但有些记录了当时农、牧、渔的生产情况,先人们开拓疆土、营建宫室的情景,生动地再现了昔日风貌,是了解当时社会的宝贵史料。

总之,《诗经》的内容是相当丰富的,艺术水平也是很高的。读了这些诗,会使我们受到深深的震撼,能深切地感到今人的思想感情和古人是相通的。

对《诗经》的艺术手法,经前人总结,用"赋""比""兴"三字来概括。"赋"就是直接抒写和铺述,这是所有文学作品最基本的方法。"比"就是比喻,以彼物比此物,使事物的表达更加形象生动。"兴",用朱熹的话来说,是"先言他物以引起所咏之词"(《诗集传》)。细究"兴"字,有发端的意思,也称起兴,一般用在诗歌开头。起兴的句子可以与诗的内容有关,也可以无关。赋、比、兴三种方法,在《诗经》中交互使用,有的侧重用赋的方法,如《大雅》和《颂》,而《国风》和《小雅》则用比、兴较多。

重叠的章句,回旋反复地吟唱,是《诗经》中众多民歌的一大特色。它加强了诗的音乐感、节奏感,在一唱三叹中,使诗人的思想感情得到充分抒发。另外,双声、叠韵、叠字的修辞手法,也增加了诗的美感和感染力。

《诗经》的基本句式是四言,每句虽只区区四字,但句法多样,语气自然,创造出很多千古流传的名句,如"杨柳依依""雨雪霏霏""风雨凄凄""风雨萧萧""战战兢兢,如履薄冰""他山之石,可以攻玉"等等,至今还经常运用。根据内容需要,也有二、三、五或六、七、八字为句的。句式的灵活多变,使《诗经》的诗更加色彩纷呈,多姿感人。

《诗经》到汉代被尊为"经"以后,传习的人就多了起来,相传有鲁、齐、韩、毛四家。《鲁诗》出于鲁人申公,他是汉文帝博士。《齐诗》出于齐人辕固生,他是汉景帝博士。《韩诗》出于燕人韩婴,他也是汉文帝博士。《毛诗》出于毛亨和毛苌,毛亨曾为河间献王博士。鲁、齐、韩三家传"今文经",即用汉初通行的隶书写的《诗经》。《毛诗》传"古文经",即用先秦使用的籀文。因各家依据的本子在文字上存在差异,所以对诗义的解释也有许多不同。

东汉以后,《毛诗》盛行,鲁、齐、韩三家诗逐渐衰亡,后来其书也亡佚了。现在留存的三家说都是清代学者从各种典籍中钩辑出来的,如魏源的《诗古微》、王先谦的《诗三家义疏》等。

《毛诗》在后世流传最广,影响也最大。很多学者为其作注,最有名的是汉代经学大师郑玄作的"笺"。到唐代,孔颖达作《毛诗正义》,将唐以前关于《毛诗》的各家学说汇集到一起,成了《毛诗》的集大成之作。至宋代,理学大师朱熹作《诗集传》,成为后来士子考取功名的必读之作。及至清代,由于校勘、考据、音韵、训诂学的盛行,解经的著作烟海波起,学术成就也很高。清代关于《诗经》的著作有陈启源的《毛诗稽古编》、马瑞辰的《毛诗传笺通释》、胡承珙的《毛诗后笺》、陈奂的《诗毛氏传疏》等等。值得一提的是,有些解说突破了经学藩篱,又不拘泥于三家之说,方玉润的《诗经原始》就很有特色,他主张"循文按义以求诗的主旨",注意到《诗经》的文学意义,解说文字辞采斐然,是值得一读的佳作。王先谦的《诗三家义集疏》辑三家遗说最为完备,是三家诗学的集大成之作。到了近代,有林义光的《诗经通解》、吴闿生的《诗义会通》、闻一多的《诗经新义》《诗经通义》等,对《诗经》的探讨,在一定程度上突破了烦琐考证和穿凿附会的旧说,提出不少新的见解。

在阅读有关《诗经》著作时,不可避免地要遇到"诗序"的问题,不了解这个问题,对初学者就会造成障碍。什么是"诗序"呢? 一般认为《诗序》有大、小之分,列在《毛诗》各篇之前解释每篇主题的文字就是"诗序",也称"毛诗序"或"小序"。在《毛诗》第一篇《周南·关雎》的"小序"后面,有一段较长的概论《诗经》全书的文字,自"风,风也"至"是谓四始,《诗》之至也",称为"大序"。诗序的作者,一说子夏,一说子夏和毛公,一说为东汉人卫宏。还有说子夏作,毛公、卫宏增益润色,迄无定论。"大序"提出很多涉及诗歌理论的问题,如"六义""正变""美刺"等说。"六义"指风、雅、颂、赋、比、兴,并对每项都作了解释。"正变"指"风"诗、"雅"诗有正声,有变声。政治清明时,赞美某某的诗就是正声;王道衰微、政教废弛时,所作讽刺某某的诗就是变声。后来郑玄根据"大序"的说法,将《国风》和二《雅》的 265 篇诗,划分出正诗 59 篇,变诗206 篇。"大序"还提出了"美刺"说,即政治的清明与黑暗,决定了诗赞美什么,讽刺什么。"大序"还对诗与志、志与情的关系,对诗与政治的关系提出了精辟的见解,对读者很有启发,对后代诗歌创作也起过积极作用。"小序"对每篇诗义的解说,有的确有依据,比较符合诗的本意,但也有不少穿凿附会之说,不可全信。

对于诗的作用,孔子有很高的评价。他说:"小子何莫学夫《诗》,

《诗》可以兴,可以观,可以群,可以怨,迩之事父,远之事君,多识于鸟兽虫鱼之名。"(《论语·阳货》)又说:"兴于诗,立于礼。"(《论语·泰伯》)这就是说《诗》在修身方面有教育作用,在治国方面可以观察时政得失,还可以使士人相互切磋砥砺,以至批评怨刺统治者的政策措施,把诗教提到了治国兴邦的高度。

《诗经》在中国乃至世界文化史上都占有重要地位。它描写现实、反映现实的写作手法,开创了诗歌创作的现实主义优良传统,历代诗人的诗歌创作不同程度地受到《诗经》的影响。《诗经》曾被译为多国文字,日本、朝鲜、越南、法国、德国、英国、俄国都有译本,流传非常广泛。作为创造民族新文化的基石,我们一定要很好地继承这一光辉灿烂的文化遗产。

2006年9月,中华书局出版了笔者译注的《诗经》,收入"中华经典藏书"书系中。此本《诗经》,选入历来公认的名篇102首,为全书的三分之一。出版后,受到读者好评,已重印26次。2014年底又应编辑部之邀,笔者将此本扩大为一个全本的译注本。现在这个全本《诗经》已与读者见面了,此本分为题解、正文、注释、译文四部分,现就这四个方面向读者说明一下。

一、题解。每首诗的题解是读懂这首诗的关键,弄清楚诗的主题,才能对全诗作出正确的理解。但有的诗篇,自古以来就众说纷纭,很难确定诗的主旨,因此在写题解时,既需要吸收古人正确的见解,也要参考今人的研究成果,更要根据诗的本文,反复解读,才能选定一个比较正确的主题。此本题解内容比选本详细,对《毛诗序》符合诗意或有参考价值的,录入题解中,并加以评论。对前人或今人一些中肯的见解和评论也加以引用,以便使读者更好地理解诗意。有时笔者也根据诗的内容,斟酌再三,提出一些新的看法。

二、正文。原文以十三经注疏《毛诗正义》为据,同时吸收先贤时彦的校勘成果,统一不出校勘记。

三、注释。注释的原则力求简洁明了，浅显易懂。对于有多种解释的词语或诗句，或选择一种较符合诗意的说法，或列入另说供参考，对有些比较难懂或较为罕见的解释，即引用古人的说法，如《毛传》《郑笺》《孔疏》《诗集传》《毛诗传笺通释》《诗经原始》《诗三家义集疏》等旧注加以佐证，既解释了词语的意义，也可据此追根溯源，加深对词语的理解。

四、译文。要想把这部距我们二千五百多年的古朴典雅而又深奥难懂的诗集，用今天的语言准确流畅地翻译成新诗，实在是一件极为困难的事。古人已有"诗无达诂""诗无通诂"的感慨，即对于《诗经》的诗没有绝对确切或公认一致的解释。但为了读者能读懂每一首诗，对原诗进行翻译还是非常必要的。对此我主要借鉴古代七言诗的句式，用现代的语言来翻译。我发现，在这七个字的范围抉择字句，既有约束又有足够空间，可以将诗意解释清楚，读起来也像个诗的样子，较现代诗的长短不一更容易掌握。当然，此前也有学者做过这样的工作，并且受到好评。而我的译文在力求准确表达诗意的基础上，语言更加通俗易懂，不仅适合一般读者的阅读，对初次接触《诗经》的读者，也是非常适宜的读本。但此本难免还存在一些疏漏之处，敬祈读者批评指正。

本书在出版过程中得到中华书局编辑部王军、宋凤娣、周旻诸位同仁的帮助和审阅，在此表示衷心感谢。

王秀梅

2015 年 7 月 15 日于北京

毛诗序

在《毛诗注疏》中，每篇诗的原文前都有一些解题的文字，世称"诗序"。据清代学者考证，《鲁诗》《齐诗》《韩诗》也有"诗序"，但后来都失传了。"诗序"又有"大序"和"小序"之分，常见的分法有四种：第一种，在《关雎》篇前的序言篇幅最长，称为"诗大序"，《关雎》以后每首诗前的序言称"小序"。第二种，《关雎》篇前的大篇序文分为两段，从《关雎》，后妃之德也"至"用之邦国焉"是说明《关雎》一篇之意的，称"小序"；从"《风》，风也"至"是《关雎》之义也"称"大序"。如《毛诗注疏》曰："旧说云：此起至'用之邦国焉'名《关雎序》，谓之'小序'。自'《风》，风也'讫末，名为'大序'。"第三种，每首诗前的第一句为"小序"，如《关雎》，后妃之德也"，"《葛覃》，后妃之本也"，"《卷耳》，后妃之志也"为"小序"，此下的文字为说明第一句的，为"大序"。第四种认为"诗序"无大小之分，《关雎》前之序，即是论《关雎》之诗的，也是总论全诗的。后世读诗者多采用第一、二种说法，采用第三、四种说法的不多。我们在这里采用的是第二种说法。另外，还要介绍一下宋朱熹的说法，他认为"《关雎》，后妃之德也"以及后面"《风》之始也"至文末为"小序"，而认为中间"诗者，志之所之也"至"《诗》之至也"一段为"大序"。

关于《诗序》的作者，汉郑玄认为，"大序"为子夏所作，"小序"为子夏、毛公合作。魏王肃认为《诗序》全为子夏所作。刘宋范晔认为《诗序》为东汉卫宏作。朱熹也认同此说。宋王安石认为《诗序》是诗人自己所作。宋程颐认为"诗大序"为孔子所作，等等。至今没有定论。

《毛诗序》是《诗经》的一篇总序。这篇序首先是讲诗是如何产生的，强调人的情感是诗歌的源泉 ，"有诸内必形诸外"，人的喜怒哀乐之情必然通过"言→嗟叹→永（咏）歌→舞蹈"等形式渐次强烈的行为表达出来。接着还提出了很多涉及诗歌的理论问题，如"六义""正变""美刺"等说，对我们研究、理解这些诗歌有启发作用。《毛诗序》对诗与志、志与情的关系，诗在人生中的作用，诗与政治的关系，都提出了精辟的见解，对后代的诗歌创作起过积极的作用。但其中也有不少穿凿附会之说，是必须要加以分辨的。

《关雎》，后妃之德也①。《风》之始也②，所以风天下而正夫妇也③，故用之乡人焉④，用之邦国焉⑤。

【注释】

①后妃：佳偶曰妃，天子之妃曰后。一般指国君的夫人。

②《风》：此指《国风》，《国风》是指各诸侯国的民歌民谣。

③风：此"风"即现在的"讽"意，指委婉地劝告。

④乡人：指普通民众。

⑤邦国，指各诸侯国。以上文字一般认为是《关雎》篇的"小序"。

【注释】

《关雎》这首诗，是歌咏后妃之德的。这是《国风》的第一篇，用来教化天下的民众从而使夫妇关系端正，所以乡大夫用此来教育其民，诸侯用此来教育其臣。

《风》，风也，教也。风以动之，教以化之。诗者，志之所之也①。在心为志，发言为诗。情动于中而形于言②，言之不足，故嗟叹之；嗟叹之不足，故永歌之③；永歌之不足，不知手之舞之、足之蹈之也。

【注释】

①志：人的心意、情感蕴藏在心，未发于言称志。之：到达。

②情：指人心中喜、忧、惧、爱、恶、欲、怒等情感。

③永歌：长声歌唱。永，通"咏"。

【译文】

《风》诗，就是用来讽谏在上位者，用来教化下层民众的。用委婉的讽喻来劝告君上，用殷勤的诲示来教化民众。诗，是蕴藏在人内心的情感和志向。藏在心里称作"志"，抒发为语言就是"诗"。情感在心中激荡而按捺不住就会用言语表达出来，言语还不足以表达，就会通过嗟叹来表达；嗟叹还不足以表达，就会通过歌唱来表达；歌唱还不足以表达，就会情不自禁地通过手舞足蹈来表达。

　　情发于声①，声成文谓之音②。治世之音安以乐，其政和；乱世之音怨以怒，其政乖；亡国之音哀以思，其民困。故正得失，动天地，感鬼神，莫近于诗。先王以是经夫妇③，成孝敬，厚人伦，美教化，移风俗。

【注释】

①声：指宫、商、角、徵、羽五种声调。

②声成文：指五种声调相配合成曲调。音：音乐。

③经：治理的意思。本义是织丝，横丝为纬，竖丝为经。

【译文】

情感通过宫、商等五声的配合表达出来，五声相配而成韵律就是音。治世之音安宁而愉悦，它所反映的社会政治是平和的；乱世之音怨恨而愤怒，它所反映的社会政治是乖戾的；亡国之音哀伤而忧思，它所反映的民众生活是困苦的。所以端正人的得失之行、变动天地之灵、感致鬼神之意,诗是最有效不过的了。先王就是用它来治理夫妇、成就孝敬、敦厚人伦、纯美人文教化、移风易俗的。

故《诗》有六义焉①:一曰风,二曰赋,三曰比,四曰兴,五曰雅,六曰颂②。上以风化下③,下以风刺上④,主文而谲谏⑤,言之者无罪,闻之者足以戒,故曰风。至于王道衰,礼义废,政教失,国异政⑥,家殊俗⑦,而变风、变雅作矣⑧。

【注释】

①六义:也有称作"六诗"的,对这个名词历来有不同解释,详见下注。

②"一曰风"六句:郑玄注曰:"风,言贤圣治道之遗化也。赋之言铺,直铺陈今之政教善恶。比,见今之失,不敢斥言,取比类以言之。兴,见今之美,嫌于媚谀,取善事以喻劝之。雅,正也,言今之正者,以为后世法。颂之言诵也,容也,诵今之德,广以美之。"另一种说法,认为风、雅、颂指诗的类型,风有十五国风,雅有大雅、小雅,颂有周颂、鲁颂等。赋、比、兴指诗的表现方法。用朱熹的话来说,"赋者,敷陈其事而直言之者也","比者,以彼物比此物也","兴者,先言他物以引起所咏之辞也"。此解释简明扼要,多被研读者接受。

③上以风化下:是指君上用《风》诗教化民众。

④下以风刺上:是指在下者用《风》诗来委婉含蓄地批评、劝告君上。孔颖达疏曰:"臣下作诗,所以谏君,君又用之教化,故又言上下皆用此上六义之意。"

⑤主文而谲谏(jué jiàn):主文,指诗作者写出的合乎声律的诗文。谲谏,委婉含蓄地劝诫。孔颖达疏曰:"谲者,权诈之名,托之乐

歌,依违而谏。"因这样作不易伤害或激怒被批评者,所以下文说
"言之者无罪,闻之者足以戒"。

⑥国:指诸侯国。

⑦家:指天下民家。

⑧变风、变雅:孔颖达疏曰:"《诗》之《风》《雅》,有正有变。""变风、
　变雅之作,皆王道始衰,政教初失,尚可匡而革之……更遵正道,
　所以变诗作也。"简单说来,正风、正雅多为颂美之诗,变风、变雅
　多为讥刺之诗。

【译文】

　　所以《诗经》有六义,一叫风,二叫赋,三叫比,四叫兴,五叫雅,六叫
颂。君上以"风"来教化臣民,臣民则以"风"来劝告人君,通过配合音乐
的诗文来含蓄而委婉地批评和劝谏,因而言之者不会获罪,听之者也足
以为戒,所以叫"风"。至于到了王道衰微、礼义荒废、政教失所,诸侯国
国异政,下民家家殊俗,而变风、变雅这样的诗就出现了。

　　国史明乎得失之迹①,伤人伦之废,哀刑政之苛,吟咏情
性,以风其上,达于事变,而怀其旧俗者也。故变风发乎情,
止乎礼义。发乎情,民之性也;止乎礼义,先王之泽也。是
以一国之事,系一人之本,谓之风②;言天下之事,形四方之
风,谓之雅。雅者,正也,言王政之所由废兴也。政有小大,
故有小雅焉,有大雅焉。颂者,美盛德之形容③,以其成功告
于神明者也④。是谓四始⑤,《诗》之至也⑥。

【注释】

①国史:国之史官。孔颖达疏曰:"《周官》大史、小史、外史、御史之
　等皆是也。"

②系一人之本,谓之风:一人,指作诗之人。孔颖达疏曰:"其作诗

者,道己一人之心耳。要所言一人心,乃是一国之心。诗人览一
国之意,以为己心,故一国之事系此一人,使言之也。但所言者,
直是诸侯之政,行风化于一国,故谓之风。"

③形容:指形状容貌。

④成功:指国家民安业就,群生尽遂其性,万物各得其所的大业
成就。

⑤四始:指《诗经》中《风》《小雅》《大雅》《颂》四部分。此四者为人
君兴废之始。郑玄笺:"始者,王道兴衰之所由。"

⑥至:极致。

【译文】

国之史官能明晓人君的善恶得失,伤怀于人伦的废弃,哀叹于刑政
的苛刻,作诗来吟咏心中的情性,以委婉地讽喻、劝诫人君,这是通达于世
事的变迁,感怀于旧时的风俗啊。所以"变风"之诗是发乎人的情性,又止
于礼义的。发乎人之情,是说出自民众的性情;止乎礼义,是说先王的德
泽流及于后世。一国的政事系属于一人的本意,如此而作的诗就叫"风";
说天下之政事而观察发现四方之习俗,如此而作的诗就叫"雅"。雅,就是
正,是说王道政治的废兴的。政有小有大,所以有"小雅"和"大雅"。颂,
是赞美天子政教的盛大形状容貌的,以其政教的成功虔诚地敬告神明。
《风》《小雅》《大雅》《颂》,叫做"四始",《诗》的义理就达到极致了。

然则《关雎》《麟趾》之化①,王者之风,故系之周公②。
南,言化自北而南也。《鹊巢》《驺虞》之德,诸侯之风也,先
王之所以教,故系之召公③。《周南》《召南》,正始之道,王化
之基④。是以《关雎》乐得淑女以配君子,忧在进贤,不淫其
色。哀窈窕⑤,思贤才,而无伤善之心焉,是《关雎》之义也。

【注释】

①然则:既然这样,那么。表示承上启下之词。

②周公:姓姬(jī)名旦,周文王的儿子,周武王的弟弟,封于鲁。曾辅佐周武王灭纣。成王时,周公摄政,平定武庚、管叔、蔡叔叛乱。相传,周代的礼乐制度都是周公所制定。

③召公:姓姬名奭(shì),周的支族,周武王之臣。因封地在召,故称召公或召伯。周武王即位后,与太公、周公、毕公等一起辅佐武王。

④正始之道,王化之基:孔颖达疏曰:"《周南》《召南》二十五篇之诗,皆是正其初始之大道,王业风化之基本也……文王正其家,而后及其国,是正其始也;化南土以成王业,是王化之基也。"

⑤哀:悲愁,哀伤。一说"哀"当作"衷"。衷,谓中心恕之。《毛传》:"哀,盖字之误也,当为衷。衷谓中心恕之,无伤善之心,谓好逑也。"也有认为"哀"字不误的,王肃曰:"哀窈窕之不得,思贤才之良质,无伤善之心焉。若苟慕其色,则善心伤也。"窈窕,幽闲美好之貌。

【译文】

《关雎》至《麟趾》等篇的教化,是王者之风,所以都归于周公名下,叫《周南》。南,是说王者的教化从北土而流布于南方。而《鹊巢》至《驺虞》等篇的美德,是诸侯之风,是先王用以教导百姓的,所以都归于召公名下,叫《召南》。《周南》《召南》,是正其初始之大道,是王业风化之根本。所以《关雎》的意思是乐意得到淑女以配君子,忧虑的是进举贤女而不是沉溺于美色。哀伤那窈窕幽闲之女未得升进,思得那贤德之才共事君子,这样无伤害善道之心,这就是《关雎》之篇的要义。

国风

朱熹《诗集传》曰:"国者,诸侯所封之域;而风者,民俗歌谣之诗也。"这是说国风就是各诸侯国的诗歌。那么,诗为什么称作"风"呢?《毛诗序》说:"《风》,风也,教也。风以动之,教以化之。……上以风化下,下以风刺上,主文而谲谏(委婉劝谏),言之者无罪,闻之者足以戒,故曰风。"朱熹又进一步解释说:"如物因风之动以有声,而其声又足以动物也。"这里说的是诗的作用。"风"有十五国风,即周南、召南、邶、鄘、卫、王、郑、齐、魏、唐、秦、陈、桧、曹、豳。

周南

周是地名(一说国名),在雍州岐山之阳,南指周以南之地,是周公姬旦的封地,即今河南西南部及湖北西北部一带。这些诗大多是西周末年、东周初年的作品。现存十一篇,内容以涉及婚姻、爱情、礼俗居多。

关雎

【题解】

这是一首男子追求女子的情诗。它是《诗经》中的第一篇,历来受人们重视。《毛诗序》说:"《关雎》,后妃之德也。《风》之始也,所以风天

下而正夫妇也。……乐得淑女以配君子，忧在进贤，不淫其色。哀窈
窕，思贤才，而无伤善之心焉，是《关雎》之义也。"古代研读《诗经》的学
者，多数认为"君子"指周文王，"淑女"指其妃太姒(sì)，诗的主旨是歌颂
"后妃之德"。但我们仔细吟咏，根本找不到后妃的影子，只是讲一位青
年男子在追求美丽贤淑的姑娘。此诗采用兴而有比的手法，以关雎的
鸣声起兴，引出"窈窕淑女，君子好逑"这一主题，然后用赋的手法铺叙
开来，形象生动地描绘出青年男子在追求自己心上人时焦虑急迫以及
昼思夜想难以入眠的相思情景。诗中那些鲜活的词汇，如"窈窕淑女"
"悠哉悠哉""辗转反侧"等，至今还被人们频繁使用着。

关关雎鸠①，	关关对鸣的雎鸠，
在河之洲②。	栖歇在河中沙洲。
窈窕淑女③，	美丽贤淑的姑娘，
君子好逑④。	真是君子好配偶。

【注释】

①关关：鸟的和鸣声。雎(jū)鸠：一种水鸟，相传此鸟雌雄情意
专一。
②洲：水中陆地。
③窈窕(yǎo tiǎo)：美好的样子。
④好逑(qiú)：好配偶。

参差荇菜①，	长长短短的荇菜，
左右流之②。	左边右边不停采。
窈窕淑女，	美丽贤淑的姑娘，
寤寐求之③。	梦中醒来难忘怀。

【注释】

①参差(cēn cī)：长短不齐。荇(xìng)菜：一种水生植物，叶子浮在
水面，可食。

②流：顺着水流采摘。

③寤寐(wù mèi)：醒着为"寤"，睡着为"寐"。

求之不得，	美好愿望难实现，
寤寐思服①。	醒来梦中都想念。
悠哉悠哉②，	想来想去思不断，
辗转反侧③。	翻来覆去难入眠。

【注释】

①思服：思念。

②悠哉：忧思不绝。

③辗(zhǎn)转反侧：翻来覆去，无法入眠。

参差荇菜，	长长短短的荇菜，
左右采之。	左边右边不停摘。
窈窕淑女，	美丽贤淑的姑娘，
琴瑟友之①。	弹琴奏瑟表亲爱。

【注释】

①友：亲爱，友好。

参差荇菜，	长长短短的荇菜，

| 左右芼之^①。 | 左边右边不停择。 |

左右芼之^①。　　　　　　　左边右边不停择。
窈窕淑女，　　　　　　　　美丽贤淑的姑娘，
钟鼓乐之^②。　　　　　　　鸣钟击鼓让她乐起来。

【注释】

①芼(mào)：采摘。
②乐之：使她快乐。

葛覃

【题解】

这是写已出嫁的女子准备回娘家探望父母的诗。在当时的社会，已婚女子回娘家探亲是件不容易的事，也是一件大事。所以她做了种种准备：采葛煮葛、织成粗细葛布、再做好衣服。征得公婆和师姆的同意，又洗衣、整理衣物，最后才高高兴兴地回去。古代讲"修身、齐家、治国、平天下"，把家看得非常重要，家有贤妻，家才兴旺。从诗中看出，这个女子是个能干而又孝顺的媳妇，家庭关系和谐。全诗充满了快乐的气氛，给人以美的享受。《毛诗序》说："《葛覃》，后妃之本也。后妃在父母家，则志在于女功之事，躬俭节用，服浣濯之衣，尊敬师傅，则可以归安父母，化天下以妇道也。"认为此诗也是讲后妃之德的。方玉润《诗经原始》驳斥说："《小序》以为'后妃之本'，《集传》遂以为'后妃所自作'，不知何所证据。以致驳之者云：'后处深宫，安得见葛之延于谷中，以及此原野之间鸟鸣丛木景象乎？'"而认为"此亦采自民间，与《关雎》同为房中乐，前咏初昏，此赋归宁耳"。讲得很有道理。

葛之覃兮^①，　　　　　　　葛草长长壮蔓藤，

施于中谷②，	一直蔓延山谷中，
维叶萋萋③。	叶子碧绿又茂盛。
黄鸟于飞④，	黄鸟翩翩在飞翔，
集于灌木⑤，	落在灌木树丛上，
其鸣喈喈⑥。	鸣叫声声像歌唱。

【注释】

①葛:藤本植物,茎的纤维可织成葛布。覃:蔓延。

②施(yì):延及。中谷:即"谷中"。

③维:发语词。萋萋:茂盛的样子。

④黄鸟:黄雀,又称黄栗留,身体很小。于:语助词。

⑤集:聚集。

⑥喈喈:鸟鸣声。

葛之覃兮，	葛草长长壮蔓藤，
施于中谷，	一直蔓延山谷中，
维叶莫莫①。	叶子浓密又茂盛。
是刈是濩②，	收割回来煮一煮，
为绨为绤③，	剥成细线织葛布，
服之无斁④。	穿上葛衣真舒服。

【注释】

①莫莫:茂密的样子。

②是:乃。刈(yì):割。濩(huò):煮。

③绨(chī):细葛布。绤(xì):粗葛布。

④服：穿。无斁(yì)：不厌倦。

言告师氏①，　　　　　回去告诉我师姆，
言告言归②。　　　　　我要告假看父母。
薄污我私③，　　　　　先把内衣洗干净，
薄浣我衣④。　　　　　再洗外衣成楚楚。
害浣害否⑤，　　　　　洗与不洗整理好，
归宁父母⑥。　　　　　回家问候我父母。

【注释】

①言：连词，于是。一说发语词。师氏：保姆。一说女师。

②告：告假。归：回娘家。

③薄：句首助词。污：洗去污垢。私：内衣。

④浣(huàn)：洗。衣：指外衣。

⑤害：何。

⑥归宁：出嫁女子回娘家探视父母。

卷耳

【题解】

这是一首妻子怀念远行丈夫的诗。全篇通过采卷耳妇女的种种想象，表达对丈夫的深切思念。她想象丈夫旅途劳累，人困马乏，忧思愁苦，以酒解忧。又想象马儿累倒，仆人累病，丈夫唏嘘长叹。想象的情节越丰富，表达的感情越深切，越具有感人的力量。此诗对后世影响很大，清人方玉润说："下三章皆从对面着笔，历想其劳苦之状，强自宽而愈不能宽。末乃极意摹写，有急管繁弦之意。后世杜甫'今夜鄜(fū)州月'一首,脱胎于此。"岂止杜甫,后世许多诗人的思念之作都承继了这一构思。《毛诗序》说此诗是讲"后妃之志"的,也属牵强附会。

采采卷耳^①,   采了又采采卷耳,

不盈顷筐^②。   总是不满一浅筐。

嗟我怀人^③,   只因想念远行人,

寘彼周行^④。   筐儿丢在大路旁。

【注释】

①卷耳:一种植物,又名苍耳,可食用,也可药用。

②顷筐:形如簸箕的浅筐。

③嗟(jiē):语助词。怀人:想念的人。

④寘:同"置",放置。彼:指顷筐。周行(háng):大路。

陟彼崔嵬^①,   当我登上高山巅,

我马虺隤^②。   骑的马儿腿发软。

我姑酌彼金罍^③,   且把酒杯来斟满,

维以不永怀^④。   喝个一醉免怀念。

【注释】

①陟(zhì):登上。崔嵬(wéi):高而不平的土石山。

②虺隤(huī tuí):因疲劳而病。

③姑:姑且。酌:斟酒。此处也指饮酒。金罍(léi):青铜铸的酒器。

④维:语助词。永怀:长久地思念。

陟彼高冈，   我又登上高山冈，

我马玄黄①。   马儿累得毛玄黄。

我姑酌彼兕觥②，   且把酒杯来斟满，

维以不永伤。   只为喝醉忘忧伤。

【注释】

①玄黄：马因病毛色焦枯。

②兕觥(sì gōng)：牛角制的酒杯。

陟彼砠矣①，   我又登上土石山，

我马瘏矣②，   我的马儿已累瘫。

我仆痡矣③，   仆人疲惫行走难，

云何吁矣④。   我的忧愁何时完。

【注释】

①砠(jū)：戴土的石山。

②瘏(tú)：病。

③痡(pū)：过度疲劳不能行之病。

④云：语助词。何：何等，多么。吁(xū)：忧愁。

樛木

【题解】

这是一首祝福"君子"安享福禄的歌。以樛木喻男子，葛藟喻女子。葛藟生于树下，能保护树根；青藤又攀缘而上，依附大树生长，比喻夫妻

或爱人关系亲密而又相亲相爱。全诗三章只变换六字,而往复吟咏,首言"福履绥之",祝幸福降临于他;又言"福履将之",愿幸福护佑着他;最后一句"福履成之",祝他能有所成就,可见浓浓的祝福之意。旧说认为此诗是姬妾称颂后妃能宽容和庇护下人,而没有嫉妒之心,实为穿凿之说。

南有樛木①,　　　　　　南方有枝条弯弯大树,
葛藟累之②。　　　　　　满树青藤缠绕长长。
乐只君子③,　　　　　　那快乐的君子啊,
福履绥之④。　　　　　　愿幸福降临他身上。

【注释】

①樛(jiū):树枝向下弯曲的树。
②葛藟(lěi):葛和藟皆为蔓生植物,攀缘树木生长。累:缠绕。
③乐只:犹言"乐哉"。只,语助词。
④福履:幸福,福禄。绥(tuǒ):通"妥",下降,降临。

南有樛木,　　　　　　　南方有枝条弯弯大树,
葛藟荒之①。　　　　　　满树藤叶缠绕苍苍。
乐只君子,　　　　　　　那快乐的君子啊,
福履将之②。　　　　　　愿幸福护佑他成长。

【注释】

①荒:掩蔽,覆盖。
②将:扶持,扶助。

南有樛木，　　　　　　　南方有枝条弯弯大树，
葛藟萦之①。　　　　　　满树葛藤缠绕郁郁苍苍。
乐只君子，　　　　　　　那快乐的君子啊，
福履成之②。　　　　　　愿幸福让他成就辉煌。

【注释】

①萦：同"累"，缠绕。
②成：成就。

螽斯

【题解】

　　这是一首祝人多子多孙的诗。全诗以螽斯为喻，螽斯就是蝗虫，它的繁殖力很强，生命力旺盛。蝗虫又善飞，所以诗人又特以其羽为喻。关于此诗主旨，旧说以为"后妃子孙众多也，言若螽斯。不妒忌，则子孙众多也"（《诗序》）。姚际恒在《诗经通论》中，斥此说"附会无理"。方玉润《诗经原始》也指出"其措词亦仅借螽斯为比，未尝显颂君妃，亦不可泥而求之也"。读者细咏此诗，定知姚、方之说不谬。

螽斯羽①，　　　　　　　螽斯扇动着翅膀，
诜诜兮②。　　　　　　　密密麻麻空中飞翔。
宜尔子孙③，　　　　　　你的子孙如此众多，
振振兮④。　　　　　　　你的种族多么兴旺。

【注释】

①螽（zhōng）斯：蝗虫类的昆虫，具有极强的繁殖能力。

②诜诜(shēn)：众多的样子。

③宜：合该，应该，为祝愿之意。

④振振：盛多的样子。

螽斯羽，　　　　　　　　　螽斯扇动着翅膀，

薨薨兮①。　　　　　　　　在空中薨薨作响。

宜尔子孙，　　　　　　　　你的子孙如此众多，

绳绳兮②。　　　　　　　　后代绵绵继世永昌。

【注释】

①薨薨(hōng)：螽斯群飞的声音。

②绳绳：连续不断的样子。

螽斯羽，　　　　　　　　　螽斯扇动着翅膀，

揖揖兮①。　　　　　　　　成群在空中飞翔。

宜尔子孙，　　　　　　　　你的子孙如此众多，

蛰蛰兮②。　　　　　　　　群居和谐安定欢畅。

【注释】

①揖揖(jí)：会聚的样子。

②蛰蛰(zhé)：群聚而和谐欢乐的样子。一说安静群居的样子。

桃夭

【题解】

这是一首贺新娘的诗。全诗以桃树的枝、花、果、叶作为比兴事物，

衬托出新嫁娘的年轻美丽以及成婚的快乐气氛。"桃之夭夭,灼灼其华"不仅是"兴"句,而且含有"比"的意思,这个比喻对后世影响很大。古代诗词小说中形容女子面貌姣好常用"面若桃花""艳如桃李""人面桃花相映红"等词句,可能就是受了《桃夭》一诗的启发。这样一首贺新婚的诗,《毛诗序》也认为是美后妃之德的作品。《毛序》说:"《桃夭》,后妃之所致也。不妒忌则男女以正,婚姻以时,国无鳏民也。"方玉润《诗经原始》驳斥说:"此皆迂论难通,不足以发诗意也。""《桃夭》不过取其色以喻'之子',且春华初茂,即芳龄正盛时耳,故以为比。……又以为美后妃而作,……且呼后妃为'之子',恐诗人轻薄亦不至猥亵如此之甚耳!盖此亦咏新昏诗,与《关雎》同为房中乐,如后世催妆坐筵等词。"

桃之夭夭①,　　　　　　桃树叶茂枝繁,
灼灼其华②。　　　　　　花朵粉红灿烂。
之子于归③,　　　　　　姑娘就要出嫁,
宜其室家④。　　　　　　夫家和顺平安。

【注释】

①夭夭(yāo):茂盛,生机勃勃的样子。

②灼灼(zhuó):鲜艳的样子。

③之:这。子:指女子,古代女子也称"子"。于:往。归:出嫁。后
来称女子出嫁为"于归"。

④宜:和顺。室家:家庭。此指夫家,下面的"家室""家人"均指
夫家。

桃之夭夭,　　　　　　桃树叶茂枝繁,
有蕡其实①。　　　　　桃子肥大甘甜。

之子于归，　　　　　　　姑娘就要出嫁，
宜其家室。　　　　　　　夫家和乐平安。

【注释】

①蕡(fén)：果实硕大的样子。

桃之夭夭，　　　　　　　桃树叶茂枝繁，
其叶蓁蓁①。　　　　　　叶儿随风招展。
之子于归，　　　　　　　姑娘就要出嫁，
宜其家人。　　　　　　　夫家康乐平安。

【注释】

①蓁蓁(zhēn)：树叶繁盛的样子。

兔罝

【题解】

《兔罝》是一首赞美武士的诗。这里的武士是指保卫公侯的卫士，这些人打仗时要随军出征，而平时狩猎不仅为获得猎物，往往还有军事训练的作用。此诗通过打猎一事，赞美他们形象的威武、遇事时的勇敢和对公侯的忠诚。方玉润《诗经原始》说："窃意此必羽林卫士，扈跸游猎，英姿伟抱，奇杰魁梧，遥而望之，无非公侯妙选。"这种说法比较符合诗意。《毛诗序》说："《兔罝》，后妃之化也。"朱熹也曲为之说："化行俗美，贤才众多，虽兔罝之野人，而其才之可用犹如此。"(《诗集传》)这些说法全属虚衍附会。

肃肃兔罝①，　　　　　　　网眼繁密的捕猎网，
椓之丁丁②。　　　　　　　用力捶打固定在木桩上。
赳赳武夫③，　　　　　　　那威武雄壮的武士，
公侯干城④。　　　　　　　是捍卫公侯的好屏障。

【注释】

①肃肃(suō)：兔网细密整齐的样子。兔罝(jū)：兔网。一说"兔"同
　"麌"，即捕虎之网。总之，是捕野兽的网。
②椓(zhuó)：捶打，这里指打木橛以固定兽网。丁丁：捶打声。
③赳赳(jiū)：健壮威武的样子。武夫：武士。
④公侯：周代统治者分五等爵位，即公、侯、伯、子、男。干：盾。城：
　即城墙。干、城，都用来防卫。

肃肃兔罝，　　　　　　　网眼繁密的捕猎网，
施于中逵①。　　　　　　　施放在纵横交叉的地方。
赳赳武夫，　　　　　　　那威武雄壮的武士，
公侯好仇②。　　　　　　　护卫公侯伴身旁。

【注释】

①施：设置。中逵：即"逵中"，指纵横交叉的路口。
②好仇(qiú)：好助手，好朋友。仇，同"逑"，匹配的意思。

肃肃兔罝，　　　　　　　网眼繁密的捕猎网，
施于中林①。　　　　　　　放置在林木茂密的地方。
赳赳武夫，　　　　　　　那威武雄壮的武士，

公侯腹心^②。   是公侯的心腹爱将。

【注释】

①中林:即"林中",指密林深处。

②腹心:亲信,心腹之人。

茉苢

【题解】

　　这是一首明快而优美的劳动之歌。全诗只讲了妇女们采集车前子这样一件事,语言极其简单。整首诗只有四十八个字,其中四十二个字是不变的,只变换了六个字,即采集车前子的动作:采、有、掇、捋、袺、襭,就将妇女们呼朋结伴,在旷野中边唱边采,一棵棵地采,一把把地捋,手提衣襟来兜,满载成果而归的欢乐场景表现出来。清人姚际恒认为这首诗"章法极为奇变",确有道理。《毛诗序》说:"《茉苢》,后妃之美也。和平则妇人乐有子矣。"清人方玉润说:"夫佳诗不必尽皆征实,自鸣天籁,一片好音,尤足令人低回无限,若实而按之,兴会索然矣。读者试平心静气涵泳此诗,恍听田家妇女,三三五五,于平原绣野、风和日丽中,群歌互答,余音袅袅,若远若近,忽断忽续,不知其情之何以移,而神之何以旷,则此诗可不必细绎而自得其妙焉。"(《诗经原始》)说得多么好啊!

采采茉苢^①,   车前子啊采呀采,

薄言采之^②。   快点把它采回来。

采采茉苢,   车前子啊采呀采,

薄言有之^③。   快点把它摘下来。

【注释】

①芣苢(fú yǐ):野生植物,可食。一说是车前子,也叫车轮菜。

②薄、言:都是语助词,大都含劝勉之意。

③有:取。

采采芣苢,　　　　　　　　车前子啊采呀采,

薄言掇之①。　　　　　　　快点把它拾起来。

采采芣苢,　　　　　　　　车前子啊采呀采,

薄言捋之②。　　　　　　　快点把它捋下来。

【注释】

①掇(duō):拾取,将落在地上的拾起来。

②捋(luō):成把地摘取。

采采芣苢,　　　　　　　　车前子啊采呀采,

薄言袺之①。　　　　　　　快点把它兜起来。

采采芣苢,　　　　　　　　车前子啊采呀采,

薄言襭之②。　　　　　　　快点把它兜回来。

【注释】

①袺(jié):手执衣襟兜着。

②襭(xié):将衣襟掖在腰带上兜着,这样放得比较多。

汉广

【题解】

这是一首樵夫唱的恋歌。在砍柴的时候,高大的乔木和浩渺的江水引动了他的情思,想到心中爱慕的难以追求到的姑娘,心中无限惆怅,就唱出了这首荡气回肠的恋歌。诗中用汉水和长江的宽广难渡,比喻爱情难以实现;又幻想做姑娘的仆人替她喂马,表现出倾慕之情的深切。此诗长歌浩叹,意境辽阔高远;即景取喻,妙如天成;反复吟唱,动人心肺。《毛诗序》说:"《汉广》,德广所及也。文王之道被于南国,美化行乎江汉之域,无思犯礼,求而不可得也。"是说江汉之女,受文王教化,非礼不可求。旧时解诗,多囿于文王之化,后妃之德,往往曲解诗意。方玉润《诗经原始》说:"殊知此诗即为刈楚、刈蒌而作,所谓樵唱是也。近世楚、粤、滇、黔间,樵子入山,多唱山讴,响应林谷。盖劳者善歌,所以忘劳耳。其词大抵男女相赠答,私心爱慕之情,有近乎淫者,亦有以礼自持者。文在雅俗之间,而音节则自然天籁也。当其佳处,往往入神,有学士大夫所不及者。"可谓切合诗意。

南有乔木^①,　　　　南方有树高又高,
不可休思^②。　　　　树下休息难做到。
汉有游女^③,　　　　汉江有位好姑娘,
不可求思。　　　　要想追求路途遥。
汉之广矣,　　　　汉水浩渺宽又宽,
不可泳思^④。　　　　难以游泳到对岸。
江之永矣^⑤,　　　　长江水流急又长,
不可方思^⑥。　　　　木筏怎能渡过江。

【注释】

①乔木:高大的树木。

②休思:休息。思,语助词,下同。

③汉:汉水。游女:出游的女子。一说指汉水女神。

④泳:游,泅渡。

⑤永:长。

⑥方:用木筏渡水。

翘翘错薪①,	地里杂草高又高,
言刈其楚②。	打柴还得割荆条。
之子于归③,	姑娘如愿嫁给我,
言秣其马④。	我要把她马喂好。
汉之广矣,	汉水浩渺宽又宽,
不可泳思。	难以游泳到对岸
江之永矣,	长江水流急又长,
不可方思。	木筏怎能渡过江。

【注释】

①翘翘(qiáo):高高的样子。错薪:杂乱的柴草。

②言:语助词。刈(yì):割。楚:荆条。

③之子:那个女子。

④秣(mò):喂牲口。

翘翘错薪,	地里杂草高又高,
言刈其蒌①。	打柴还得割蒌蒿。

之子于归，	姑娘如愿嫁给我，
言秣其驹②。	我要把她马喂好。
汉之广矣，	汉水浩渺宽又宽，
不可泳思。	难以游泳到对岸。
江之永矣，	长江水流急又长，
不可方思。	木筏怎能渡过江。

【注释】

①蒌（lóu）：蒌蒿。

②驹：小马。

汝坟

【题解】

这是一首夫妻伤别的诗。从夫妻未见时，妻子的忧虑和如饥似渴的思念，写到既见后的欢欣和不再分离的美好愿望，还写到与父母团聚的无限欣慰。这种父母、夫妻分离的局面是怎样造成的呢？是王室的暴政使年轻男子长期在外服役，无有归期。诗中明确地表达了对王室暴政的不满。《毛诗序》说："《汝坟》，道化行也。文王之化行乎汝坟之国，妇人能闵其君子，犹勉之以正也。"朱熹《诗集传》说："汝旁之国，亦先被文王之化者，故妇人喜其君子行役而归。"二说都和文王之化联系起来。方玉润《诗经原始》驳斥说："夫妇人喜其夫归，与文王之化何与？妇人被文王之化而后思其夫，岂不被化即不思其夫耶？如此说诗，能无令人疑议？"方氏认为这首诗是说商君无道，天下民众闻西伯（即后来的周文王）施行仁政，欲归依西伯，诗人不敢明言，故托为妇人喜见其夫之词。可备一说。

遵彼汝坟①，　　　　　　　　沿着汝河岸边走，
伐其条枚②。　　　　　　　　砍取木枝作柴烧。
未见君子③，　　　　　　　　长久不见丈夫面，
惄如调饥④。　　　　　　　　如同早晨饥饿受煎熬。

【注释】

①遵：沿着。汝：汝水，源出河南天息山，东南流入淮河。坟："濆"的
　　假借字，堤防，或以为河岸。

②伐：砍伐。条枚：指树的枝条。

③君子：这里是妻子对丈夫的敬称。

④惄(nì)如：忧思之极，心情难受之貌。调饥：即"朝饥"。调，《郑
　　笺》："朝也。"

遵彼汝坟，　　　　　　　　　沿着汝河岸边走，
伐其条肄①。　　　　　　　　伐取树木新枝条。
既见君子，　　　　　　　　　终于盼得丈夫归，
不我遐弃②。　　　　　　　　从此再不远走把我抛。

【注释】

①条肄(yì)：砍后又生出的新枝。

②遐(xiá)弃：远离抛弃。

鲂鱼赪尾①，　　　　　　　　鲂鱼劳累尾变红，
王室如燬②。　　　　　　　　王室暴政如火烧。
虽则如燬，　　　　　　　　　虽然暴政如火烧，

父母孔迩③！　　　　　　　幸与父母团聚相依靠。

【注释】

①鲂(fáng)鱼：赤尾鳊鱼。赪(chēng)尾：红尾。旧说鲂鱼的尾巴不红，劳累则会变红。此也暗指服役者的劳累。

②王室：周王室。燬(huǐ)：烈火。形容王政暴虐。

③孔：很，甚。迩(ěr)：近。

麟之趾

【题解】

麒麟是古代传说中的神兽，据说它的出现是祥瑞的征兆。宋代严粲的《诗辑》说：有足者宜踶(dì)，唯麟之足，可以踶而不踶；有额者宜抵，唯麟之额，可以抵而不抵；有角者宜触，唯麟之角，可以触而不触。赞美了麟的美德。这首诗以麟比人，祝贺新婚人家多子多孙，且子孙品德高尚，如同麒麟。这大概是贵族婚礼上唱的一首喜歌。王先谦《诗三家义集疏》说："韩说曰：'《麟趾》，美公族之盛也。'"符合诗意。

麟之趾①，　　　　　　　　麒麟的蹄儿不踢人，

振振公子②，　　　　　　　振奋有为的公子们，

于嗟麟兮③！　　　　　　　哎呀呀，你们个个像麒麟！

【注释】

①麟：麒麟。我国古代传说中的一种仁兽，麇身、牛尾、马蹄、一角，角端有肉，全身黄色。它一出现，国家就会有祥瑞。现代生物学家或以为是长颈鹿。趾：足。

②振振：旺盛貌，振奋有为的样子。公子：公侯的后代。
③于嗟：感叹语气词。

麟之定①，　　　　　　　　麒麟的额头不撞人，
振振公姓②，　　　　　　　振奋有为的同姓子孙们，
于嗟麟兮！　　　　　　　　哎呀呀，你们个个像麒麟！

【注释】
①定：同"颠"，即额头。
②公姓：公侯的同姓子孙。

麟之角，　　　　　　　　　麒麟有角不伤人，
振振公族①，　　　　　　　振奋有为的同族子孙们，
于嗟麟兮！　　　　　　　　哎呀呀，你们个个像麒麟！

【注释】
①公族：公侯同祖的子孙。

召南

召,地名,在岐山之阳。武王得天下,封姬奭于召地(即今陕西岐山县西南),称召公或召伯。成王时,召公与周公分陕而治,自陕而西,召公主之,自陕而东,周公主之。召南,就是指自陕以西的南方诸侯国之地。《召南》之诗,大多产生于此地。现存十四篇,也多为婚姻嫁娶、思妇征夫、劳动打猎等内容。

鹊巢

【题解】

这是一首祝贺贵族女子出嫁的歌。诗人看见鸠居鹊巢,联想到女子出嫁住进男家,就以此作比。全诗三章,每章只更换两个字,就把姑娘出嫁时的盛况描绘了出来。后来据此诗出现了"鹊巢鸠据""鹊巢鸠居""鸠居鹊巢"的成语,本意指女子出嫁,住在夫家,后又引申为强占别人家园或位置。有人据引申意,将此诗解为弃妇写其前夫迎娶新妇的哀怨诗。我们看看诗中的热烈气氛,哪有半点哀怨的情绪呢!《毛诗序》说:"《鹊巢》,夫人之德也。国君积行累功,以致爵位。夫人起家而居有之,德如鸤鸠,乃可以配焉。"是说国君有了爵位,夫人居于后宫。《诗序》解二南之诗,多以君王和后妃为说,有的为曲解,宜仔细斟酌。

维鹊有巢①，　　　　　　　喜鹊在树上把窝搭，
维鸠居之②。　　　　　　　八哥鸟儿前来住它家。
之子于归，　　　　　　　　这位姑娘要出嫁，
百两御之③。　　　　　　　百辆车子前来迎接她。

【注释】

①维：语助词。鹊：喜鹊，善于筑巢。

②鸠：尸鸠，俗称八哥。李时珍在《本草纲目》中有"八哥居鹊巢"的
　说法。一说为布谷鸟。

③百两：即"百辆"，言车多。御：陪侍。一说迎，即指迎亲的车辆。

维鹊有巢，　　　　　　　　喜鹊在树上把窝搭，
维鸠方之①。　　　　　　　八哥鸟儿前来同住下。
之子于归，　　　　　　　　这位姑娘要出嫁，
百两将之②。　　　　　　　百辆车子前来护卫她。

【注释】

①方：占有。《毛传》："方，有之也。"

②将：护卫，保卫。

维鹊有巢，　　　　　　　　喜鹊在树上把窝搭，
维鸠盈之①。　　　　　　　八哥鸟儿前来住满它。
之子于归，　　　　　　　　这位姑娘要出嫁，
百两成之②。　　　　　　　百辆车子迎来成婚啦。

【注释】

①盈:充满。

②成:完成。指完成婚礼。

采蘩

【题解】

关于这首诗的主题,古代有两种说法:一说采蘩为了祭祀,一说为了养蚕。我们认为这是一首写蚕妇为公侯养蚕的诗。蚕妇是什么人呢? 一种认为是普通的劳动妇女或宫女,一种认为是贵族妇女。《毛诗序》说:"《采蘩》,夫人不失职也。夫人可以奉祭祀,则不失职矣。"《郑笺》:"奉祭祀者,采蘩之事也。不失职者,夙夜在公也。"方玉润认为,这是三宫夫人和世妇率仆妇、蚕妇到公侯蚕宫养蚕的事。他说:"蚕事方兴之始,三宫夫人、世妇皆入于室,其仆妇众多,蚕妇尤盛,僮僮然朝夕往来以供蚕事,不辨其人,但见首饰之招摇往还而已。蚕事既卒而后,三宫夫人、世妇又皆各言还归,其仆妇众多,蚕妇亦盛,祁祁然舒容缓步,徐徐而归。亦不辨其人,但见首饰之簇拥如云而已。此蚕事始终景象如是。"可参。

于以采蘩①?	要采白蒿到何方?
于沼于沚②。	在那池沼和水塘。
于以用之?	采来白蒿做什么?
公侯之事③。	是为公侯养蚕忙。

【注释】

①于以:相当"于何",在什么地方。蘩(fán):白蒿。用来制养蚕的

箔。朱熹《诗集传》："蘩可以生蚕。"

②沼（zhǎo）：水池。沚（zhǐ）：水塘。

③公侯之事：即公家之事，此指养蚕的事。

于以采蘩？	要采白蒿到何方？
于涧之中①。	山涧之中溪流旁。
于以用之？	采来白蒿做什么？
公侯之宫②。	送到公侯养蚕房。

【注释】

①涧：山谷中的溪流。

②宫：蚕室。朱熹："或曰：即《记》所谓公桑蚕室也。"

被之僮僮①，	蚕妇发髻高高挽，
夙夜在公②。	日夜养蚕不得闲。
被之祁祁③，	晚上发髻已散乱，
薄言还归④。	急急忙忙往家赶。

【注释】

①被："髲（pí）"之借字，用假发做的头饰。僮僮（tóng）：光洁高耸的
样子。

②夙（sù）夜：早晚，言其勤苦。在公：在公侯那里做事。

③祁祁（qí）：舒缓。此处指头发散乱。

④薄言：急迫。言，同"焉"，语气词。

草虫

【题解】

这是一首妻子思念丈夫的诗。她的丈夫出门在外久不归,随着季节的变换,由秋至春,历时愈久,她的思念也越发深切。看见草虫鸣叫跳跃,秋天到了,丈夫还未归来,忧心忡忡。春天来了,为了排遣忧思,她登上南山去采蕨、采薇,遐想如果这时能和丈夫相见,或丈夫突然出现在她的面前,该是多么快乐啊。但现实是无情的,她的担心、愁苦、忧思、焦虑也就绵绵无期了。

喓喓草虫^①,	蝈蝈喓喓草中鸣,
趯趯阜螽^②。	蚂蚱蹦蹦地上跳。
未见君子,	长久不见我夫君,
忧心忡忡^③。	我心忧愁又烦恼。
亦既见止^④,	假如哪天看见他,
亦既觏止^⑤,	假如能够遇到他,
我心则降^⑥。	悬着的心儿才放下。

【注释】

①喓喓(yāo):虫鸣声。草虫:蝈蝈。此处当泛指草中有翅类能鸣的昆虫。

②趯趯(tì):跳跃的样子。阜(fù)螽:即蚱蜢,蝗类昆虫,其种类很多,大小体色也不相同。

③忡忡(chōng):心中忧愁不安的样子。

④亦:若,如。既:已经。止:语尾助词,即"了"意。

⑤觏(gòu):见。

⑥降：放下，落下。

陟彼南山^①，	登上高高南山顶，

陟彼南山^①，　　　　　　登上高高南山顶，

言采其蕨^②。　　　　　　采摘蕨菜嫩绿茎。

未见君子，　　　　　　　　长久不见我夫君，

忧心惙惙^③。　　　　　　心中的愁苦怎能停。

亦既见止，　　　　　　　　假如哪天看见他，

亦既觏止，　　　　　　　　假如能够遇到他，

我心则说^④。　　　　　　内心才能真高兴。

【注释】

①陟（zhì）：登，升。

②蕨（jué）：山中野菜，嫩茎可食。

③惙惙（chuò）：忧愁不绝的样子。

④说：同"悦"。

陟彼南山，　　　　　　　　登上高高南山顶，

言采其薇^①。　　　　　　采摘薇菜嫩叶绿莹莹。

未见君子，　　　　　　　　长久不见我夫君，

我心伤悲。　　　　　　　　心中的悲伤一重重。

亦既见止，　　　　　　　　假如哪天看见他，

亦既觏止，　　　　　　　　假如能够遇到他，

我心则夷^②。　　　　　　苦痛的心儿才平静。

【注释】

①薇:一种野菜,古人常采以为食。

②夷:平,此指心情平静。

采蘋

【题解】

　　这是一首叙述少女祭祀祖先的诗。据《毛传》记载:"古之将嫁女者,必先礼之于宗室,牲用鱼,芼之以蘋藻。"《礼记·昏义》记载:"古者妇人先嫁三月,祖庙未毁,教于宗宫;祖庙既毁,教于宗室。教以妇德、妇言、妇容、妇功。教成之祭,牲用鱼,芼之以蘋藻,所以成妇顺也。"诗中叙述的就是少女临出嫁前庄重严肃地准备祭品和祭祀的情况,详实地记载了祭品、祭器、祭地、祭人,反映了当时的风俗礼尚。

于以采蘋①?　　　　　什么地方采蘋草?

南涧之滨。　　　　　就在南山溪流旁。

于以采藻②?　　　　　什么地方采水藻?

于彼行潦③。　　　　　就在那片洼地上。

【注释】

①蘋(pín):一种多年生水草,可食。

②藻:水草名。有两种,皆可食。

③行潦(lǎo):雨后的积水坑。积水向低洼处流动,所以叫"行潦",
　　也叫"流潦"。

于以盛之①?　　　　　采来蘋藻用啥装?

维筐及筥②。	圆的筥和方的筐。
于以湘之③？	用啥器具煮蘋藻？
维锜及釜④。	三脚锜和无足釜。

【注释】

①盛（chéng）：把东西装入器具之内。

②筐：竹编的方形竹器。筥（jǔ）：圆形的竹器。

③湘：烹煮。

④锜（qí）：三足锅。釜（fǔ）：无足的锅。

于以奠之①？	这些祭品摆何处？
宗室牖下②。	祖宗庙里窗户下。
谁其尸之③？	这次谁来做主祭？
有齐季女④。	恭敬虔诚待嫁女。

【注释】

①奠：摆放祭品。

②宗室：宗庙，祭祀祖先的庙宇。牖（yǒu）下：窗前。

③尸：主持祭祀。

④有齐：恭敬的样子。一说美好的样子。或以为齐国。季女：
　少女。

甘棠

【题解】

这是一首怀念召伯，颂扬召伯德政的诗。《毛诗序》说："《甘棠》，美召伯也。召伯之教,明于南国。"召伯,姓姬名奭(shì),曾辅佐周武王灭商。因封在召地,故称召伯或召公。相传召伯南巡,曾在甘棠树下断狱,劝农教稼,民享其利。后人每思其人而不得见,只见甘棠树繁荫茂叶,不觉睹树思人,就写了这首诗。通过对甘棠树的赞美和爱护,表达了他们对召伯的深切怀念。后来"召棠"就成为颂扬官吏政绩的典故。

蔽芾甘棠①,　　　　甘棠树茂密又高大,
勿翦勿伐②,　　　　莫剪枝叶莫砍伐,
召伯所茇③。　　　　召伯曾露宿大树下。

【注释】

①蔽:可蔽风日。芾(fèi):枝叶茂盛的样子。甘棠:即棠梨,亦称杜梨。

②勿:不要。翦(jiǎn):翦其枝叶。伐:砍伐,指伐其条干。

③召(shào)伯:指召公奭。茇(bá):原意为草舍,此指露宿。

蔽芾甘棠,　　　　甘棠树茂密又高大,
勿翦勿败①,　　　　莫剪枝叶损伤它,
召伯所憩②。　　　　召伯曾休息大树下。

【注释】

①败:折,损伤。

②憩(qì):休息。

蔽芾甘棠,　　　　甘棠树茂密又高大,

勿翦勿拜^①，	莫要攀折枝条弯曲它，
召伯所说^②。	召伯曾歇息大树下。

【注释】

①拜：弯曲，攀折。

②说：通"税"，停留，止宿。

行露

【题解】

这首诗是写一位女子拒绝强迫婚姻的诗。一个已有室家的男子，想依仗官府的势力强迫女子与其成婚，但女子绝不屈服，痛骂男子是雀、鼠之辈，干的是穿墙、破屋的勾当。一说是男子拒绝女子强嫁的诗，此说见于方玉润的《诗经原始》，他说："当时必有势家巨族，以女强妻贫士。或前已许字于人，中复自悔，另图别嫁者。士既以礼自守，岂肯违制相从？则不免有速讼相迫之事，故作此诗以见志。"《毛诗序》说："《行露》，召伯听讼也。衰乱之俗微，贞信之教兴，强暴之男，不能侵陵贞女也。"说这是召伯审理的一个男子侵凌女子的案件。也符合诗意。

厌浥行露^①，	道上露水湿漉漉，
岂不夙夜^②？	我岂不想早赶路？
谓行多露^③。	怎奈露水令人怵。

【注释】

①厌浥(yì yì)：水盛多，湿貌。行露：道路上的露水。行，道路。

②夙夜：早夜，指早起赶路。

③谓：畏惧，或以为"奈"，即无奈。

谁谓雀无角^①！　　　　　　谁说鸟雀没有嘴！

何以穿我屋^②？　　　　　　何以啄穿我的屋？

谁谓女无家^③，　　　　　　谁说你从来没有家，

何以速我狱^④？　　　　　　为何与我把官司打？

虽速我狱，　　　　　　　　虽然和我把官司打，

室家不足^⑤！　　　　　　　我也不跟你成家！

【注释】

①角：鸟喙。

②穿：穿破，穿透。

③女：汝，你。无家：没有妻子。家，成家。

④速：召。狱：打官司。一说监狱。

⑤室家：夫妻。此处指结婚。不足：不充足。或以为成室家的聘礼
不够。

谁谓鼠无牙^①，　　　　　　谁说老鼠没有粗大的牙，

何以穿我墉^②？　　　　　　何以能穿透我的墙？

谁谓女无家，　　　　　　　谁说你从来没有家，

何以速我讼^③？　　　　　　为何逼我上公堂？

虽速我讼，　　　　　　　　即使逼我上公堂，

亦不女从^④！　　　　　　　也决不嫁你这黑心郎！

【注释】

①牙：粗壮的牙齿。

②墉（yōng）：墙。

③讼：诉讼。

④女从：听从你。

羔羊

【题解】

　　这首诗描写大夫在退朝后，走出公门回家时悠闲自得的情状。一说是讽刺官吏衣轻裘、食公食而无所事事的样子。王先谦《诗三家义集疏》曰："齐说曰：'羔羊皮革，君子朝服。辅政扶德，以合万国。'韩说曰：'诗人贤仕为大夫者，言其德能称，有洁白之性，屈柔之行，进退有度数也。'"意为此诗称赞此官有洁白之德。

羔羊之皮①，	穿着羔皮缝制的皮袍，
素丝五纮②。	白丝线交错缝得真巧。
退食自公③，	吃饱喝足走出公门，
委蛇委蛇④。	悠哉悠哉自在逍遥。

【注释】

①羔羊之皮：羔羊皮做的裘。

②素丝：白色的丝线。五：同"午"，交错的意思。纮（tuó）：古时计算丝缕的单位。五丝为纮。此处为缝合之意。

③退食：在公家吃完饭回家。自公：从公门而出。一说"退食自公"是说退朝而食于家。

④委蛇（wēi yí）：悠闲自得的样子。

羔羊之革^①，　　　　　穿着羔皮缝制的皮袍，
素丝五绒^②。　　　　　白丝线交错缝得真妙。
委蛇委蛇，　　　　　　　悠哉悠哉心情舒畅，
自公退食。　　　　　　　吃饱喝足回家真好。

【注释】

①革：兽皮揉制去毛为革。

②绒（yù）：缝。

羔羊之缝^①，　　　　　穿着羔皮缝制的皮袍，
素丝五总^②。　　　　　白丝线交错缝得巧妙。
委蛇委蛇，　　　　　　　悠哉悠哉逍遥自在，
退食自公。　　　　　　　退出公门已吃得酒足饭饱。

【注释】

①缝：本字应为"鞸"，同"皮""革"。

②总：古以八十根丝为"总"。此亦为缝合之意。方玉润《诗经原
　始》曰：纮也，绒也，总也，皆缝之之谓也。"

殷其雷

【题解】

　　这是一首感伤夫妻离别的诗。在雷声隆隆，大雨即将倾盆而下时，丈夫因公务在身必须离家，妻子无可奈何，只好让丈夫离去。离别时，妻子一再嘱咐丈夫早点归来，可见夫妻感情之深厚。诗以雷声起兴，好

像也是实写,雷声从"山阳"至于"山侧""山下",那声音越来越近,雨越来越紧,离别的时刻也越来越近。妻子一再"归哉归哉"的嘱托,让人心酸。这情景构成了一幅"满天风雨满天愁"的夫妻离别图。《毛诗序》说:"《殷其雷》,劝以义也。召南之大夫远行从政,不遑宁处,其室家能闵其勤劳,劝以义也。"读诗中"归哉归哉"之声,是希望归来之意,哪有"劝以义"之意呢?方玉润《诗经原始》则认为是民众欲归向文王之诗。他说:"当时文王政令方新,天下闻声向慕,有似雷发殷殷,群蛰启户。故诗人借以起兴,而其振兴起舞之意,则有不胜其来归恐后之心焉。"虽可备一说,但细读此诗,很难赞同其说。

殷其雷①,	轰隆轰隆雷声响,
在南山之阳②。	在那南山阳坡上。
何斯违斯③,	为何这时离开家,
莫敢或遑④?	不敢在家稍闲暇?
振振君子⑤,	我那老实的夫君,
归哉归哉⑥!	去去赶快回家吧!

【注释】

①殷:通"礚",雷声。其:衬词,犹今歌曲中的"那个",无意义。或以为"殷其"连读,"其"相当于"然","殷其"即"殷然"。

②阳:山南。

③何:为何。斯:此,这里。违:离开。

④莫敢:不敢。或:有。遑:空闲,闲暇。

⑤振振:信厚、老实貌。一说勤奋貌。

⑥归:回家。

殷其雷，　　　　　　　轰隆轰隆雷声响，
在南山之侧^①。　　　　在这南边大山旁。
何斯违斯，　　　　　　　为何这时离开家，
莫敢遑息^②？　　　　不敢在家稍安暇？
振振君子，　　　　　　　我那老实的夫君，
归哉归哉！　　　　　　　去去赶快回家吧！

【注释】

①侧：旁边。

②息：止息。

殷其雷，　　　　　　　　轰隆轰隆雷声响，
在南山之下。　　　　　　在这南山山脚下。
何斯违斯，　　　　　　　为何这时离开家，
莫或遑处^①？　　　　不敢在家度年华？
振振君子，　　　　　　　我那老实的夫君，
归哉归哉！　　　　　　　去去赶快回家吧！

【注释】

①处：安居，指在家住下去。

摽有梅

【题解】

这是采摘梅子的姑娘唱的情歌。珍惜青春，追求爱情，是人类共同

的美好感情。姑娘们看到梅子成熟纷纷落地的过程,联想到自己青春易逝,还没有找到理想的对象,就由梅子起兴,唱出自己焦急的心声,希望有人赶快来求婚。歌中对爱情的追求大胆而直白,诗风清新而质朴。《毛诗序》说:"《摽有梅》,男女及时也。召南之国,被文王之化,男女得以及时也。"认为讲的是男女婚嫁之事,也接近诗意。但也有人认为这是讲为君求贤才的。

摽有梅①,	梅子熟了落纷纷,
其实七兮②。	树上还有六七成。
求我庶士③,	追求我的小伙子,
迨其吉兮④。	且莫错过这良辰。

【注释】

①摽(biào):落下。

②七:七成。此指树上的梅子还有十分之七。

③庶士:众多男子。

④迨(dài):及,趁着。吉:好时光。

摽有梅,	梅子熟了落纷纷,
其实三兮。	树上还有二三成。
求我庶士,	追求我的小伙子,
迨其今兮。	趁着今天好时辰。

摽有梅,	梅子熟了落纷纷,
顷筐塈之①。	拿着筐儿来拾取。

求我庶士，　　　　　　　　追求我的小伙子，
迨其谓之^②。　　　　　　　等你开口来求婚。

【注释】

①塈(jì)：取。

②谓：告诉，约定。

小星

【题解】

这是一位下层小吏日夜当差，疲于奔命，而自伤劳苦，自叹命薄的怨歌。全诗仅有十句，但将主人公星夜赶路，为公事奔忙的情况，描绘得十分生动，有如一幅夜行图展现在我们面前。《毛诗序》根据"抱衾与裯"一句，解为"夫人无妒忌之行，惠及贱妾，进御于君"，谬之甚也。

嘒彼小星^①，　　　　　　星儿小小闪微光，
三五在东^②。　　　　　　　三三五五在东方。
肃肃宵征^③，　　　　　　　急急忙忙赶夜路，
夙夜在公^④。　　　　　　　早晚都为公事忙。
寔命不同^⑤！　　　　　　　这是命运不一样。

【注释】

①嘒(huì)：星光微小而明亮。

②三五：形容星星稀少。

③肃肃：急忙赶路的样子。宵征：夜间走路。

④夙夜：早晚。公：公事。

⑤寔（shí）：是，此。命：命运。

嘒彼小星，	星儿小小闪微光，
维参与昴①。	参星昴星挂天上。
肃肃宵征，	急急忙忙赶夜路，
抱衾与裯②。	抱着被子和床帐。
寔命不犹③！	别人命运比我强。

【注释】

①参（shēn）、昴（mǎo）：二星宿名。

②衾（qīn）：被子。裯（chóu）：床帐。

③不犹：不如。

江有汜

【题解】

这是一位弃妇的哀怨诗。方玉润说："此必江汉商人远归梓里，而弃其妾不以相从。……妾乃作此诗以自叹而自解耳。"（《诗经原始》）古代有一夫多妻制，商人在经商的地方娶了妻或妾，当他返回家乡时，却遗弃了她而没有带回乡，弃妇因作此诗以自我安慰。

江有汜①，	江水浩荡有支流，
之子归②，	我的丈夫要回家走，
不我以③。	不带我回乡把我丢。

| 不我以，
其后也悔④！ | 不再与我相厮守，
你的悔恨在后头！ |

【注释】

①江:长江。汜(sì):小水从大水分流出来,又入于大水叫"汜"。

②之子:这个人,指丈夫。归:归家,回乡。

③以:与,相处,在一起。

④悔:悔恨。

| 江有渚①，
之子归，
不我与②。
不我与，
其后也处③！ | 江水宽宽有小洲，
我的丈夫要回家走，
不再爱我把我丢。
不再与我相厮守。
你的伤心在后头！ |

【注释】

①渚:水中的小洲。

②与:同"以"。

③处:同"瘯"(也作"鼠"),病的意思,这里指心病,即忧伤。

| 江有沱①，
之子归，
不我过②。
不我过，
其啸也歌③！ | 江水滔滔有支流，
我的丈夫要回家走，
不再找我把我丢。
不再与我相厮守，
你会因悔恨而痛哭！ |

【注释】

①沱:长江的支流名称。或以为与"汜"同。

②过:到。与前文的"以""与"义同。

③啸也歌:即"啸歌",因内心痛苦而发出的且哭且诉悲声。

野有死麕

【题解】

　　这是写青年男女恋爱的诗。青年男子是位猎手,他把刚刚打到的一只獐子用白茅草包裹送给一位春心荡漾的姑娘。姑娘接受了他的礼物,在亲昵幽会时,嘱咐猎人:"请你慢慢别着忙,别碰围裙莫慌张,别引狗儿叫汪汪。"此诗用叙述的手法,把青年男女的恋爱过程真实自然地表现出来,气氛活泼自由,感情大胆热烈。这说明在《诗经》的时代,人们的爱情生活还是比较自由的。后世的理学家把这首诗解释为女子反抗无礼的诗,就太牵强附会了。

野有死麕①,	打死小鹿在荒郊,
白茅包之。	我用白茅把它包。
有女怀春,	遇到少女春心动,
吉士诱之②。	走上前来把话挑。

【注释】

①麕(jūn):小獐子,鹿的一种。

②吉士:好青年,指打猎的男子。

林有朴樕①,	砍下小树当柴烧,

野有死鹿。	打死小鹿在荒郊。
白茅纯束②，	白茅包好当礼物，
有女如玉。	如玉姑娘请收好。

【注释】

①朴樕(sù)：小树。可作柴烧。

②纯(tún)束：捆绑。

"舒而脱脱兮①！	"请你慢慢别着忙，
无感我帨兮②！	别碰围裙莫慌张，
无使尨也吠③！"	别引狗儿叫汪汪。"

【注释】

①舒而：慢慢地。脱脱(tuì)：舒缓的样子。

②感(hàn)：通"撼"，动。帨(shuì)：女子系在腹前的围裙。

③尨(máng)：多毛而凶猛的狗。

何彼襛矣

【题解】

这是写齐侯的女儿出嫁的诗，诗中极力赞美新娘的美貌和车辆服饰的奢华，似乎也隐含讽刺贵族王姬德色的不相称。方玉润说："'何彼襛矣'，是美其色之盛极也；'曷不肃雍'，是疑其德之有未称耳。"（《诗经原始》）

何彼襛矣^①？   怎么如此的浓艳漂亮？

唐棣之华^②。   像那盛开的唐棣花儿一样。

曷不肃雝^③？   为何没有雍容严肃的气象？

王姬之车^④。   这是王姬出嫁坐的车辆。

【注释】

①襛(nóng)：浓艳、盛大貌。

②唐棣(dì)：树木名。陆机曰：唐棣，一名雀梅，亦名车下李，其花有白赤两种，其实大如李，可食。华：花。

③曷不：何不。肃雝(yōng)：严肃雍和。

④王姬：周王的女儿或孙女称王姬。

何彼襛矣？   怎么如此的浓艳漂亮？

华如桃李^①。   像那桃李花开一样芬芳。

平王之孙^②，   车上坐着那平王高贵的外孙，

齐侯之子。   是那齐侯的女儿要做新娘。

【注释】

①华如桃李：如桃李之花，红白艳丽。

②平王之孙：周平王的外孙女，仍指齐侯的女儿，即下文的"齐侯之子"，二者所指实为一人，是讲这位出嫁姑娘的出身。

其钓维何^①？   渔人的钓竿用什么线系？

维丝伊缗^②。   丝线拧成的绳儿紧紧密密。

齐侯之子，   车上坐着那齐侯高贵的公主，

平王之孙。   是那平王的外孙多么美丽。

【注释】

①钓:钓鱼的工具。这里专指钓鱼的线。比喻王侯贵族互联婚姻,如丝之和。维:语助词,有"为"的意思。

②维、伊:是。缗(mín):多条丝拧成的丝绳。

驺虞

【题解】

这是赞扬在天子园囿中,为天子管理鸟兽的小官驺虞的。驺虞所管理的畜类繁盛,天子前来打猎,他很快就能驱赶出很多兽类,供他们狩猎。

彼茁者葭①,   从那繁茂的芦苇丛,

壹发五豝②。   赶出一群母野猪。

吁嗟乎驺虞③!   哎呀真是天子的好兽官!

【注释】

①茁(zhuó):草木茂盛貌。葭(jiā):芦苇初生叫"葭"。

②壹:发语词。发:驱赶。五:指数目多,非实数。驺虞所管理的畜物繁盛,一驱赶就有很多猪出现。古代天子、诸侯打猎时,先让人把野兽驱赶到一个较小的地带,以便射击。豝(bā):母野猪。

③驺(zōu)虞:为天子管理鸟兽的官。

彼茁者蓬^①，　　　　　　从那繁茂的蓬草丛，
壹发五豵^②。　　　　　　赶出一窝小野猪。
吁嗟乎驺虞！　　　　　　哎呀真是天子的好兽官！

【注释】

①蓬：草名。即蓬草，又称蓬蒿。

②豵（zōng）：小野猪。

邶风

邶、鄘、卫三国，都是殷商故地，在朝歌一带。武王灭殷以后，三分其地，朝歌之北是邶，其东是鄘，其南是卫，其后邶、鄘之地并入卫国，故《邶风》《鄘风》《卫风》也就是卫诗，多为东周时作品。这些诗有反抗和揭露上层统治者丑恶行为的，如《鄘风·相鼠》《鄘风·墙有茨》《邶风·新台》等；有在婚姻恋爱方面反映妇女命运和反抗精神的，如《邶风·柏舟》《卫风·氓》《邶风·谷风》等。现存《邶风》十九首。

柏舟

【题解】

这是写贤人忧谗畏讥而又难离乱境的诗。贤人受到群小的陷害，既不甘退让，又不能展翅奋飞。忧愁烦闷，焦虑难眠，无人倾诉。尽管如此，他发誓决不随波逐流，表现了一个忧国忧时的正直文人（或官吏）的形象。《毛诗序》说："《柏舟》，言仁而不遇也。卫顷公之时，仁人不遇，小人在侧。"也有人认为"这是一个妇女自伤不得于夫，见侮于众妾的诗，诗中表露了她无可告诉的委曲和忧伤"（见《诗经注析》），也可备一说。

汎彼柏舟①，　　河中荡漾柏木舟，
亦汎其流。　　随着波儿任漂流。
耿耿不寐②，　　心中焦虑不成眠，
如有隐忧③。　　因有隐忧在心头。
微我无酒④，　　不是家里没有酒，
以敖以游⑤。　　不是无处可遨游。

【注释】

①汎(fàn)：随水浮动。

②耿耿：不安的样子。

③隐忧：藏在内心的忧痛。

④微：非。

⑤敖：游的意思。

我心匪鉴①，　　我的心儿不是镜，
不可以茹②。　　岂能美丑都能容。
亦有兄弟，　　我家也有亲兄弟，
不可以据③。　　可叹兄弟难依凭。
薄言往愬④，　　我曾向他诉苦衷，
逢彼之怒。　　正逢他们怒难平。

【注释】

①匪：同"非"。鉴：镜子。

②茹(rú)：容纳。

③据：依靠。

④愬：同"诉"，诉说，告诉。

我心匪石，　　　　　我的心儿不是石，
不可转也。　　　　　不可随意来转移。
我心匪席，　　　　　我的心儿非草席，
不可卷也。　　　　　不可随意来卷起。
威仪棣棣①，　　　　仪容举止有尊严，
不可选也②。　　　　不可退让被人欺。

【注释】
①棣棣(dì)：安和的样子。
②选(suàn)：通"算"，计算。

忧心悄悄①，　　　　忧愁缠绕心烦闷，
愠于群小②。　　　　群小视我如仇人。
觏闵既多③，　　　　中伤陷害既已多，
受侮不少。　　　　　受到侮辱更不少。
静言思之④，　　　　仔细考虑反复想，
寤辟有摽⑤。　　　　醒来捶胸忧难消。

【注释】
①悄悄：忧愁的样子。
②愠(yùn)：怨恨。
③觏(gòu)：遇到。闵(mǐn)：忧愁，祸患。
④静：仔细审慎。

⑤辟:有的本子作"擗",捶胸。有摽(biào):即"摽摽",捶打的样子。

日居月诸①,	问问太阳和月亮,
胡迭而微②?	为啥轮番暗无光?
心之忧矣,	心头烦忧去不掉,
如匪浣衣。	就像穿着脏衣裳。
静言思之,	仔细考虑反复想,
不能奋飞。	无法展翅高飞翔。

【注释】

①居、诸:均为语助词,有感叹意。

②胡:何。迭:更迭,轮番。微:亏缺,指日蚀、月蚀。

绿衣

【题解】

　　这是一首思念亡故妻子的诗。诗人睹物怀人,看到妻子亲手缝制的衣裳,想到妻子对自己各方面的关心照顾,现在已物是人非,因此内心充满忧伤,不知何时才能释然。诗人的感情是发自内心深处的,深沉而含蓄,使读者也为之动容。此诗堪称怀人悼亡的佳作。

绿兮衣兮,	那绿色的衣服啊,
绿衣黄里①。	外面绿色黄色里。
心之忧矣,	看到此衣心忧伤,
曷维其已②!	悲痛之情何时已!

【注释】

①里:衣服的衬里。

②曷:何。维:语助词。已:停,止。

绿兮衣兮,	那绿色的衣服啊,
绿衣黄裳①。	上穿绿衣下黄裳。
心之忧矣,	看到此衣心忧伤,
曷维其亡②!	何时能将此情忘!

【注释】

①裳:下衣,形如现在的裙子。

②亡:通"忘",忘记。

绿兮丝兮,	那绿色的丝缕啊,
女所治兮。	是你亲手把它理。
我思古人①,	思念我的亡妻啊,
俾无訧兮②!	总是劝我莫越礼。

【注释】

①古人:故人,指作者的妻子。

②俾(bǐ):使。訧(yóu):过错。

绤兮绤兮①,	葛布有粗又有细,
凄其以风②。	穿上凉爽又透气。
我思古人,	思念我的亡妻啊,

实获我心！　　　　　　　事事都合我心意。

【注释】

①绵（chī）：细葛布。绤（xì）：粗葛布。

②凄其：同"凄凄"，凉爽。

燕燕

【题解】

《毛诗序》说："《燕燕》，卫庄姜送归妾也。"这个说法，为多数解诗者所采信。庄姜为齐国人，嫁卫庄公，称庄姜。庄姜美而无子，卫庄公又娶陈国厉妫（guī）、戴妫姊妹。戴妫生子名完，庄公让庄姜收为己子，并立为太子。庄公卒，太子完继位，即卫桓公。后卫桓公被庄公宠妾所生子州吁杀死，其生母戴妫受牵连，被遣送回陈国。庄姜曾养育其子，并与她关系友善，临行去送她，作了这首诗。诗中以层层递进的形式写行者渐去渐远，送者悲情愈来愈深的情景，在伤别中，还透露出忧国之情。最后一章赞扬戴妫的美德，更说明依依之情的可珍可贵。一说此诗写卫定公的夫人定姜的事。定姜的儿子去世，儿媳没有子女，服丧三年后，定姜把她送回娘家。临别挥泪垂涕，写了这首诗。王士祯认为此诗"为万古送别之祖"，对后世的送别诗产生深远影响。

燕燕于飞①，　　　　　　　燕子双双天上翔，

差池其羽②。　　　　　　　参差不齐展翅膀。

之子于归，　　　　　　　　她回娘家永不返，

远送于野。　　　　　　　　远送她到旷野上。

瞻望弗及，　　　　　　　　渐渐远去望不见，

泣涕如雨。　　　　　　　涕泣如雨泪沾裳。

【注释】

①燕燕:鸟名,即燕子。于:语助词。

②差(cī)池:参差不齐的样子。

燕燕于飞,　　　　　　　燕子双双天上翔,

颉之颃之①。　　　　　　忽上忽下盘旋忙。

之子于归,　　　　　　　她回娘家永不返,

远于将之②。　　　　　　远送不怕路途长。

瞻望弗及,　　　　　　　渐渐远去望不见,

伫立以泣③。　　　　　　注目久立泪汪汪。

【注释】

①颉(xié):向上飞。颃(háng):向下飞。

②将:送。

③伫(zhù)立:久立。

燕燕于飞,　　　　　　　双双燕子飞天上,

下上其音。　　　　　　　上下鸣叫如吟唱。

之子于归,　　　　　　　她回娘家永不返,

远送于南。　　　　　　　送她向南路茫茫。

瞻望弗及,　　　　　　　渐渐远去望不见,

实劳我心①。　　　　　　我心悲伤欲断肠。

【注释】

①劳:忧。此指思念之劳。

仲氏任只①,	仲氏诚实又可信,
其心塞渊②。	心胸开朗能容忍。
终温且惠③,	性格温柔又和顺,
淑慎其身④。	行为善良又谨慎。
先君之思⑤,	常说"别忘先君爱",
以勖寡人⑥。	她的劝勉记在心。

【注释】

①仲:排行第二。任:诚实可信任。

②塞渊:填满内心深处。形容心胸开阔能包容。

③终:既。温:温柔。且:又。惠:和顺。

④淑:善良。慎:谨慎。

⑤先君:死去的国君。这里指卫庄公。

⑥勖(xù):勉励。寡人:古代国君自称。诸侯夫人也可自称寡人,
　这里是庄姜自称。

日月

【题解】

　　这是写卫国的一位妇女,受到丈夫的虐待,内心痛苦之极,不由地
呼天唤地,喊爹叫娘,责备丈夫对她不闻不顾,不理不睬,抒发心中怨愤
之情。朱熹说:"盖忧患疾痛之极,必呼父母,人之至情也。"(《诗集传》)
方玉润说:"仰日月而诉幽怀,……一诉不已,乃再诉之;再诉不已,更三

诉之。三诉不听,则惟有自呼父母,而叹其生我之不辰。盖情极则呼天,疾痛则呼父母,如舜之号泣于旻天、于父母耳。此怨极也。"一说这是卫庄公夫人庄姜受到庄公的遗弃,内心痛苦而诉幽怀。《毛诗序》说:"《日月》,卫庄姜伤己也。遭州吁之难,伤己不见答于先君,以至困穷之诗也。"

日居月诸①,	太阳月亮放光芒,
照临下土②。	光明照彻大地上。
乃如之人兮③,	可是竟有这种人啊,
逝不古处④。	不依古道处事把人伤。
胡能有定⑤?	何时日子能正常?
宁不我顾⑥。	竟然不顾我心伤。

【注释】

①居、诸:语气词。古人多用日月比喻丈夫。此处也含隐喻之意。

②照临:照耀到。下土:大地。

③乃:竟。如:像。之人:是人,这个人。

④逝:发语词。古处:依古道相处。

⑤胡:何。定:指夫妇正常相处之道。

⑥宁:乃。顾:顾念。

日居月诸,	太阳月亮放光芒,
下土是冒①。	光辉普照大地上。
乃如之人兮,	可是竟有这种人啊,
逝不相好②。	背弃情义和我断来往。

胡能有定？   何时日子能正常？
宁不我报③。   为何与我不答腔。

【注释】

①冒：覆盖。指阳光普照。

②相好：相悦，相爱。

③报：答。

日居月诸，   太阳月亮放光芒，
出自东方。   每天升起在东方。
乃如之人兮，   可是像他这种人啊，
德音无良①。   说得好做得不一样。
胡能有定？   何时日子能正常？
俾也可忘②？   使我把忧伤全遗忘？

【注释】

①德音：声誉，德性。无良：不好，不良。

②俾：使。

日居月诸，   太阳月亮放光芒，
东方自出。   日夜运行自东方。
父兮母兮①，   我的爹呀我的娘，
畜我不卒②。   为何让我离身旁。
胡能有定？   何时日子能正常？
报我不述③。   让我不再述冤枉。

【注释】

①父兮母兮:呼唤父母。

②畜:养育。卒:终。

③述:说。

终风

【题解】

这是一位妇女写她被丈夫嘲笑、遗弃的遭遇。诗以自然界的狂风大作和天气阴晦,来比喻其夫脾气的狂荡暴疾、喜怒无常,十分形象生动。全诗四章,写出了这位妇女对丈夫既恨又爱的复杂心理。《毛诗》认为"卫庄姜伤己也。遭州吁之暴,见侮慢而不能正也"。方玉润《诗经原始》说:"朱子以为详味诗辞,有夫妇之情,未见母子之意,仍定为为庄公作。"即"卫庄姜伤所遇不淑也"。

终风且暴①,　　　　　　大风越刮越狂暴,

顾我则笑②。　　　　　　你对我戏弄又调笑。

谑浪笑敖③,　　　　　　那戏谑调笑太放纵,

中心是悼④。　　　　　　让我害怕又烦恼。

【注释】

①终:既。暴:暴风。或以为疾雨,或以为雷。

②顾:回头看。

③谑浪:戏谑,放荡。笑敖:调笑。

④中心:内心。是悼:即"悼是"。悼,哀伤,惊恐。

终风且霾^①，　　　　　　大风刮得尘土扬，
惠然肯来^②。　　　　　　如还爱我定肯来我房。
莫往莫来^③，　　　　　　现在你我不来往，
悠悠我思^④。　　　　　　让我整日心忧伤。

【注释】

①霾(mái)：大风扬尘。

②惠然肯来：此言爱我即可来相会。惠，顾。然，语助词。

③莫往莫来：不来往。

④悠悠：思念的样子。

终风且曀^①，　　　　　　大风刮得天昏昏，
不日有曀^②。　　　　　　不见太阳只有满天云。
寤言不寐^③，　　　　　　我半夜难眠独自语，
愿言则嚏^④。　　　　　　愿你嚏喷连连知我在思念。

【注释】

①曀(yì)：天阴而有风。

②有：又。

③寤言：醒着说话。

④愿言：同"愿焉""愿然"，思念殷切。或以为深思。嚏：打喷嚏。
俗云有人在背后议论，则会打喷嚏。

曀曀其阴^①，　　　　　　天色阴沉暗无光，
虺虺其雷^②。　　　　　　只听轰轰雷声震天响。

寤言不寐，	我半夜难眠独自语，
愿言则怀③。	愿你回心转意把我想。

【注释】

①曀曀：天气阴沉昏暗。

②虺虺(huǐ)：雷声。

③怀：思念。

击鼓

【题解】

这是一位远征异国、长期不得归家的士兵唱的一首思乡之歌。全诗只有区区八十个字，但将他被迫从军南征，讨伐陈、宋，战后军心涣散，有家难归的种种痛苦，都婉转曲折地表达出来。正如陈子展所说："诗人若具速写之技，概括而复突出个人入伍、出征、思归、逃散之整个过程。简劲不懈，真实有力，至今读之，犹有实感。"(《诗经直解》)从此诗也可看出春秋无义战给民众带来的痛苦。

击鼓其镗①，	战鼓擂得震天响，
踊跃用兵。	兵士踊跃练武忙。
土国城漕②，	有的修路筑城墙，
我独南行。	我独从军到南方。

【注释】

①镗：鼓声。

②土国：在国内服土工劳役。城漕：在漕邑修筑城墙。"土"和"城"
　在此用作动词。

从孙子仲①，	跟随将军孙子仲，
平陈与宋。	陈宋纠纷得平定。
不我以归②，	战事结束仍难归，
忧心有忡③。	内心忧愁神不宁。

【注释】

①孙子仲：人名，卫国将领。

②不我以归：不让我回来。

③有忡：即"忡忡"，心神不宁。

爰居爰处①？	何处居啊何处住？
爰丧其马？	战马丢失在何处？
于以求之？	哪儿能找我的马？
于林之下。	丛林深处大树下。

【注释】

①爰：何处。

"死生契阔"①，	"生生死死不分离"，
与子成说②。	咱们誓言记心里。
执子之手，	我曾紧握你的手，
与子偕老。	到老和你在一起。

【注释】

①契:合。阔:离。

②子:你。这里指作者的妻子。成说:约定誓言。

于嗟阔兮,　　　　　　　　　可叹相距太遥远,

不我活兮①。　　　　　　　　我们不能重相见。

于嗟洵兮②,　　　　　　　　可叹分别太长久,

不我信兮③。　　　　　　　　难以实现我誓言。

【注释】

①活:当作"佸"解,聚会。

②洵:长久。

③信:守信用。

凯风

【题解】

　　这是一首儿子歌颂母亲并自责的诗。也有人说这是悼念亡母的诗。母爱一直是人们歌咏的题材,古今中外概莫能外。《凯风》便是两千多年前一首这样的诗。诗人在夏日感受到温暖南风的吹拂,看到枣树在吹拂中发芽生长,联想到母亲养育儿女的辛劳,触景生情,写下了这样自然生动的诗句。又想到黄鸟婉转的歌声使人愉悦,而自己却没有做出使母亲感到安慰的事情,因惭愧而深深自责。诗中虽然没有实写母亲如何辛劳,但其形象还是生动地展现出来。儿子虽然自责没有成才,但能有这样的感恩之情,也一定是勤劳善良之人。"凯风"后来具有了人子思母孝亲的特定含义。古乐府《长歌行》:"远游使心思,游子

恋所生。……凯风吹长棘,夭夭枝叶倾。"潘岳《寡妇赋》:"览寒泉之遗叹兮,咏蓼莪之余音。"苏轼的"凯风吹尽棘成薪"等等,都是歌颂母亲养育之恩的,可见此诗对后世文学的影响。

凯风自南①,	和风煦煦自南方,
吹彼棘心②。	吹在枣树嫩芽上。
棘心夭夭③,	枣树芽心嫩又壮,
母氏劬劳④。	母亲养儿辛苦忙。

【注释】

①凯风:和风。这里喻母爱。

②棘心:酸枣树初发的嫩芽。这里喻子。

③夭夭:树木嫩壮的样子。

④劬(qú)劳:劳苦。

凯风自南,	和风煦煦自南方,
吹彼棘薪①。	枣树成柴风吹长。
母氏圣善②,	母亲明理又善良,
我无令人③。	儿子不好不怨娘。

【注释】

①棘薪:酸枣树已长大可当柴烧。这里比喻子已长大。

②圣善:明理善良。

③令人:善人。

爰有寒泉①，	寒泉之水透骨凉，
在浚之下②。	源头就在浚县旁。
有子七人，	母亲养育儿七个，
母氏劳苦。	儿子长成累坏娘。

【注释】

①爰：语助词。寒泉：卫地水名，冬夏常冷。

②浚(xùn)：卫国地名。

睍睆黄鸟①，	黄雀婉转在歌唱，
载好其音。	悦耳动听真嘹亮。
有子七人，	母亲养育儿七个，
莫慰母心。	难慰母心不应当。

【注释】

①睍睆(xiàn huǎn)：鸟儿婉转的鸣叫声。

雄雉

【题解】

这是一位妇女思念远方服役丈夫的诗。全诗共四章，第一、二章写因丈夫离去而思念，思其能够回还，又知其不能回而愈加思念。思到极处，无可释怀，指责那些在位君子，是他们的贪欲造成了夫妻分离的悲剧。这一转，使诗的境界提升了一个高度。朱熹说："妇人以其君子从役于外，故言雄雉之飞舒缓自得如此，而我之所思者乃从役于外,而自遗阻隔也。"(《诗集传》)方玉润则认为是朋友互勉的诗,可为一说。

　　雄雉于飞①,　　　　　　雄雉在空中飞翔,
　　泄泄其羽②。　　　　　　舒展着五彩翅膀。
　　我之怀矣③,　　　　　　我如此思念夫君,
　　自诒伊阻④。　　　　　　给自己带来忧伤。

【注释】

①雉:野鸡。一说雉为耿介之鸟,交有时,别有伦。于:往。一说语
　助词。

②泄泄(yì):鼓翅飞翔的样子。

③怀:因思念而忧伤。

④自诒(yí):自己给自己。诒,亦作"遗",遗留。或作"贻"。伊:其。
　阻:忧愁,苦恼。

　　雄雉于飞,　　　　　　　雄雉在空中飞翔,
　　下上其音①。　　　　　　上下鸣叫声嘹亮。
　　展矣君子②,　　　　　　我那诚实的夫君,
　　实劳我心③。　　　　　　实让我心劳神伤。

【注释】

①下上其音:叫声随飞翔而忽上忽下。

②展:诚,实在。

③劳我心:即"我心劳",因挂怀而操心、忧愁。

瞻彼日月^①，　　　　看日月迭来迭往，
悠悠我思。　　　　　　思念之情悠悠绵长。
道之云远^②，　　　　道路相隔如此遥远，
曷云能来^③？　　　　夫君何日才能还乡？

【注释】

①瞻：远望。

②云：与下句之"云"同为语气词。

③曷：何也。此处指"何时"。

百尔君子^①，　　　　那些在位君子们，
不知德行^②。　　　　　不知我夫君德高尚。
不忮不求^③，　　　　他不贪荣名不求利，
何用不臧^④！　　　　为何让他遭祸殃！

【注释】

①百：所有的。尔：你们。君子：在位、有官职的君子（大夫）。

②德行：品德和行为。

③忮（zhì）：疾害。或以为"希求"。求：贪求。

④何用：何以，为何。不臧：不善，不好。

匏有苦叶

【题解】

这是一位女子在济水岸边等待未婚夫时所唱的歌。一个深秋的早

晨,一位姑娘在济水边焦急地等待,希望她的未婚夫过河来与她相会,
在河水未结冰时能够娶她为妻,但她的愿望没有实现。诗的最后一章
写她拒绝了船夫招呼她上船的好意,她还要继续等下去。

匏有苦叶①,	葫芦叶枯葫芦熟,
济有深涉②。	济水深深已可渡。
深则厉③,	水深你就用葫芦,
浅则揭④。	水浅就挽裤腿走。

【注释】

①匏(páo):俗称"葫芦"。古人渡河时,将多个葫芦拴于腰上,人则
　可浮于水,故曰"腰舟"。苦叶:枯叶。匏瓜叶枯萎,葫芦已成熟,
　可用以渡河。

②济:水名。涉:徒步过河。

③厉:连衣渡水。

④揭(qì):撩起下衣。

有瀰济盈①,	济河水深已漫堤,
有鷕雉鸣②。	雌雉水边声声啼。
济盈不濡轨③,	水满淹不到车轴,
雉鸣求其牡④。	雌雉鸣叫求其偶。

【注释】

①瀰(mǐ):水满貌。

②鷕(yǎo):雉鸣声。

③濡:沾湿。轨:车轴的两端。

④牡：指雄野鸡。

雍雍鸣雁①，　　　　　　大雁鸣叫在长空，
旭日始旦②，　　　　　　旭日红红东方升。
士如归妻③，　　　　　　你如真要想娶妻，
迨冰未泮④。　　　　　　趁着河水没结冰。

【注释】

①雍雍（yōng）：雁叫声。
②旭日：初升的太阳。旦：天明。
③归妻：娶妻。
④迨（dài）：趁。泮（pàn）：融解。

招招舟子①，　　　　　　船夫声声呼过河，
人涉卬否②。　　　　　　别人先渡我不过。
人涉卬否，　　　　　　别人先渡我不过，
卬须我友③。　　　　　　我要等待我的哥。

【注释】

①招招：召唤貌。舟子：船夫。
②人涉卬（áng）否：此句是说，"别人渡河我不渡"。卬，我。
③须：等待。友：此指女子等待的人。

谷风

【题解】

这是遭到丈夫遗弃的女子写的诉苦诗。诗中运用叙事和抒情相结合的手法,把女子遭弃的原因,弃时的情景,弃后的心情,以及她在家庭中的辛苦,如泣如诉地描写出来。这样,诗中就出现了两个性格鲜明的人物:女子吃苦耐劳,温婉柔顺,痴心多情;男子朝秦暮楚,薄行缺德,少情寡义。全篇通过男女的对比,今昔的对比,被弃和新婚的对比,更加深了我们对被弃女子的同情,对薄情男子的厌恶。此诗采用比、兴相互运用的手法,把写景与叙事紧密结合起来,使人物性格更为鲜明突出。

习习谷风①,	山谷来风迅又猛,
以阴以雨。	阴云密布大雨倾。
黾勉同心②,	夫妻共勉结同心,
不宜有怒。	不该动怒不相容。
采葑采菲③,	采摘萝卜和蔓菁,
无以下体④?	难道要叶不要根?
德音莫违⑤,	往日良言休抛弃,
"及尔同死"。	"到死和你不离分"。

【注释】

①习习:风声。谷风:来自山谷的大风。

②黾(mǐn)勉:努力。

③葑(fēng):蔓菁。菲:萝卜。

④无以:不用。下体:指根部。从采食葑、菲不用根部,比喻娶妻不重其德,只看其色。

⑤德音：指丈夫曾对她说过的好话。

行道迟迟①，	迈步出门慢腾腾，
中心有违②。	脚儿移动心不忍。
不远伊迩③，	不求送远求送近，
薄送我畿④。	谁知仅送到房门。
谁谓荼苦⑤，	谁说苦菜味最苦，
其甘如荠。	在我看来甜如荠。
宴尔新昏⑥，	你们新婚多快乐，
如兄如弟。	亲哥亲妹不能比。

【注释】

①迟迟：缓慢。

②中心：心中。有违：行动和心意相违背。

③伊：是。迩：近。

④薄：语助词，有勉强的意思。畿(jī)：门内。这里指门槛。

⑤荼：苦菜。

⑥宴：快乐。新昏：即"新婚"，指丈夫另娶新人。

泾以渭浊①，	渭水入泾泾水浑，
湜湜其沚②。	泾水虽浑河底清。
宴尔新昏，	你们新婚多快乐，
不我屑以③。	不知怜惜我心痛。
毋逝我梁④，	不要到我鱼坝来，
毋发我笱⑤。	不要再把鱼篓开。

我躬不阅⑥，　　　　　　　现在既然不容我，

遑恤我后⑦。　　　　　　　以后事儿谁来睬。

【注释】

①泾、渭：都是河流名，发源甘肃，在陕西高陵合流。

②湜湜（shí）：水清貌。沚：底。

③屑：顾惜，介意。

④逝：去，往。梁：用石块垒成的拦鱼坝。

⑤发："拨"的借字，搞乱。笱（gǒu）：捕鱼的竹篓。

⑥躬：自身。阅：见容，容纳。

⑦遑：暇，来不及。恤：担忧。后：指走后的事。

就其深矣，　　　　　　　好比过河河水深，

方之舟之。　　　　　　　过河就用筏和船。

就其浅矣，　　　　　　　又如河水清且浅，

泳之游之。　　　　　　　我就游泳到对岸。

何有何亡①，　　　　　　　家里有这没有那，

黾勉求之。　　　　　　　尽心尽力来备办。

凡民有丧②，　　　　　　　左邻右舍有灾难，

匍匐救之。　　　　　　　奔走救助不迟延。

【注释】

①亡：无。

②民：人。这里指邻人。

不我能慉^①，　　　　　你不爱我倒也罢，
反以我为仇。　　　　　　不该把我当仇家。
既阻我德^②，　　　　　我的好意你不睬，
贾用不售^③。　　　　　好比货物没人买。
昔育恐育鞠^④，　　　　　从前害怕家困穷，
及尔颠覆^⑤。　　　　　　患难与共苦经营。
既生既育，　　　　　　　如今家境有好转，
比予于毒^⑥。　　　　　　嫌我厌我如毒虫。

【注释】

①慉(xù)：爱。

②阻：拒绝。我德：我的好意。

③不售：卖不出去。

④育恐：生活恐慌。育鞠(jū)：生活穷困。

⑤颠覆：患难。

⑥于：如。毒：毒虫，毒物。

我有旨蓄^①，　　　　　我备好干菜和腌菜，
亦以御冬^②。　　　　　　贮存起来好过冬。
宴尔新昏，　　　　　　　你们新婚多快乐，
以我御穷。　　　　　　　拿我的东西来挡穷。
有洸有溃^③，　　　　　粗声恶气欺负我，
既诒我肄^④。　　　　　粗活重活我担承。
不念昔者，　　　　　　　当初情意全不念，
伊余来墍^⑤。　　　　　往日恩爱一场空。

【注释】

①旨蓄:蓄以过冬的美味干菜和腌菜。

②御:抵挡。

③有洸(guāng)有溃:即"洸洸溃溃",水激荡溃决的样子。这里形容男子发怒时暴戾凶狠的样子。

④诒(yí):留给。肄(yì):劳苦的工作。

⑤伊余来墍(jì):维我是爱。伊,句首语气词。余,我。来,是。墍,爱。

式微

【题解】

这是人民苦于劳役,对国君发出的怨词。全诗只有三十二字,二十八个是重复使用,但没有呆板之感,而是在一唱三叹中将劳动者的怨恨直白地表达出来。《毛诗序》认为此诗写的是黎侯为狄人所逐,流亡于卫,臣子劝他归国的事。还有人认为这是情人幽会相互戏谑的歌,可备一说。

式微①,式微,   天黑啦,天黑啦,

胡不归②?   为何还不快回家?

微君之故③,   不是为了国君你,

胡为乎中露④!   哪会夜露湿我衣?

【注释】

①式:发语词,无实义。微:幽暗。这里指天将黑。

②胡:为什么。

③微：非，不是。故：事。

④中露：即"露中"。

式微，式微，	天黑啦，天黑啦，
胡不归？	为何还不快回家？
微君之躬，	不是为了国君你，
胡为乎泥中！	哪会夜间脚踏泥？

旄丘

【题解】

此诗到底讲的是什么事，历来有不同说法。《齐诗》说："阴阳隔塞，许嫁不答。《旄丘》《新台》，悔往叹息。"《毛诗序》说此诗"责卫伯也。狄人迫逐黎侯，黎侯寓于卫，卫不能修方伯连率之职，黎之臣子以责于卫也"。我们认为这是一些流亡到卫国的人，请求卫国的统治者来救助，但愿望没能实现，诗中表达他们失望的心情。

旄丘之葛兮①，	旄丘上的葛藤啊，
何诞之节兮②。	为何爬得那么长。
叔兮伯兮③，	卫国的叔叔伯伯啊，
何多日也④？	为何许久不相帮？

【注释】

①旄丘：卫国地名，在澶州临河东(今河南濮阳西南)。一说旄丘指前高后低的小土山。

②诞:通"延",延长。节:指葛藤的枝节。

③叔、伯:本为兄弟间的排行,这里指高层统治者君臣。

④多日:指拖延多日。

何其处也①?	为何安处在家中?
必有与也②。	必定等人一起行。
何其久也?	为何等待这么久?
必有以也③。	其中必定有原因。

【注释】

①处:安居,留居,指安居不动。

②与:相与,即交好之人,同盟者。

③以:同"与"。一说作"原因""缘故"解。

狐裘蒙戎①,	身穿狐裘毛茸茸,
匪车不东②。	乘车出行不向东。
叔兮伯兮,	卫国的叔叔伯伯啊,
靡所与同③。	你们不与我心同。

【注释】

①蒙戎:毛蓬松貌。此处点出季节,已到冬季。

②匪:彼。东:此处作动词,指向东。

③靡:无。所与:与自己在一起同处的人。同:同心。

琐兮尾兮①,	我们卑微又渺小,

流离之子②。	流离失所无依靠。
叔兮伯兮，	卫国的叔叔伯伯啊，
褎如充耳③！	充耳不闻假装不知道！

【注释】

①琐：细小。尾：通"微"，低微，卑下。

②流离：漂散流亡。方玉润《诗经原始》："流离，漂散也。"

③褎(yòu)如充耳：此句是说男子盛服华饰，耳旁垂有耳瑱，耳朵好
　　像被耳瑱塞住，听不见别人的呼唤。褎如，盛服貌。充耳，耳旁
　　饰物，即耳瑱。

简兮

【题解】

　　这是一首赞美舞师的诗。大概是一位女子在观看盛大的"万舞"表
演时，领队舞师高大威武英俊的形象，引起了她的爱慕，于是就产生了
这篇赞美的诗篇。这篇描写古代"万舞"的诗，也给我们留下了十分宝
贵的舞蹈史方面的资料，描写虽然不够具体，但表演的地点、时间、人
物，壮观的场面，热烈的情景，可以使后人大体知道"万舞"的样子。一
说这是讽刺统治者不能任用贤人，致使他们只能成为歌舞艺人，即伶
官。《毛诗序》说："《简兮》，刺不用贤也。卫之贤者仕于伶官，皆可以乘
事王者也。"细看全诗，似无此意。

简兮简兮①，	鼓声擂得震天响，
方将万舞②。	盛大万舞要开场。
日之方中③，	正是红日当空照，

在前上处④。　　　　　　　　舞蹈领队站前行。

【注释】

①简：鼓声。一说形容舞师武勇之貌。

②方将：正要，将要。万舞：古代在朝廷、宗庙或各种祭祀仪式上
　跳的舞蹈，由文舞与武舞两部分组成，文舞执羽籥，武舞执
　干戚。

③方中：正好中午。

④在前上处：指舞师所处的位置，在整个舞蹈队伍的最前头。或以
　为指舞台前明显的位置。

硕人俣俣①，　　　　　　　　舞师健壮又英武，
公庭万舞②。　　　　　　　　公庭上面演万舞。
有力如虎，　　　　　　　　动作有力如猛虎，
执辔如组③。　　　　　　　　手握缰绳似丝组。

【注释】

①硕人：身材高大的人。俣俣(yǔ)：高大魁梧的样子。

②公庭：公爵的庭堂。

③辔(pèi)：马缰绳。组：编织的排排丝线。这里指用五彩丝帛做成
　的舞具，舞师手执模仿驾车的动作。

左手执籥①，　　　　　　　　左手拿着籥管吹，
右手秉翟②。　　　　　　　　右手野鸡翎毛挥。
赫如渥赭③，　　　　　　　　红光满面像赭涂，

公言锡爵④！　　　　　公爵连说快赏酒。

【注释】

①籥（yuè）：一种管乐器名，形状像笛子。

②秉：持。翟（dí）：野鸡的长尾羽，舞蹈者所执。

③赫：红色。渥（wò）：湿润。赭（zhě）：赤土。一说是一种赤色的矿
　物颜料。

④公：卫公。锡爵：赏酒。锡，同"赐"。爵，酒器。

山有榛①，　　　　　　高高山上有榛树，
隰有苓②。　　　　　　低田苍耳绿油油。
云谁之思？　　　　　　心里思念是谁人？
西方美人③。　　　　　西方舞师真英武。
彼美人兮，　　　　　　那英俊的美男子啊，
西方之人兮！　　　　　那是打从西方来啊！

【注释】

①榛：灌木名，其果实似栗而小，可食。

②隰（xí）：低洼而潮湿之地。苓：苍耳。一说通"莲"，即荷花。

③西方：西周地区。美人：指舞师。这位舞师来自西周地区，卫国
　在西周的东面，故称"西方"。

泉水

【题解】

这是卫国女子嫁到别的国家，思念家乡而不得归时写下的诗。朱

熹说:"卫女嫁于诸侯,父母终,思归宁而不得,故作此诗。"(《诗集传》)此诗写她思念家乡,与姐妹商量回乡探亲的事,回忆出嫁时的情景,想象回乡的路线和准备工作。最后一章写在愿望不能实现时,只好驾车出游,希望以此来排遣内心的忧伤。

毖彼泉水①,	泉水汩汩流不息,
亦流于淇②。	还是回归入淇水。
有怀于卫③,	怀念卫国我故乡,
靡日不思④。	没有一天不在想。
娈彼诸姬⑤,	同来姬姓好姐妹,
聊与之谋⑥。	且和她们来商量。

【注释】

①毖(bì):泉始涌出貌。泉水:卫国水名,即末章所说的"肥泉"。

②淇:卫国水名,即今河南安阳南的淇河。

③有怀:因怀念。有,以,因。

④靡:无。

⑤娈:美好,漂亮。诸姬:古代诸侯女子出嫁,常以同姓之女为媵妾。卫国为姬姓国,故称"诸姬"。

⑥聊:且。谋:商量。指商量回卫国之事。

出宿于泲①,	回想当初宿泲地,
饮饯于祢②。	摆酒饯行在祢邑。
女子有行③,	女子出嫁到别国,
远父母兄弟。	远离父母和兄弟。

问我诸姑^④，	临行问候我姑母，
遂及伯姊。	还有众位好姊妹。

【注释】

①宿：停留。此章回忆当年出嫁时第一个晚上歇宿之地。沝(jì)：
　卫国地名。或以为即济水。

②饮饯(jiàn)：饯行，送行的酒宴。祢(nǐ)：卫国地名。

③行：出嫁。《左传》桓公九年："凡诸侯之女行。"注："行，嫁也。"

④姑：父亲的姊妹称"姑"。

出宿于干^①，	如能回乡宿在干，
饮饯于言。	饯行之地就在言。
载脂载辖^②，	车轴上油插紧键，
还车言迈^③。	直奔故乡跑得欢。
遄臻于卫^④，	疾驰速奔回到卫，
不瑕有害^⑤？	不会招来甚祸患？

【注释】

①干：与下句中"饮饯于言"中"言"均为地名。为诗人设想回卫国
　时饯行之地。

②脂：油脂。此处用作动词，指往车轴上涂油。辖(xiá)：古"辖"字。
　车轴两头的金属键。这里也用作动词，指插上金属键。

③还车：回车。指乘嫁时所乘之车回卫。言：语助词。迈：行路。

④遄(chuán)：快，迅速地。臻(zhēn)：至，到达。

⑤不瑕：没有什么。瑕，通"遐"。

我思肥泉^①，　　　　　我的思绪到肥泉，
兹之永叹^②。　　　　　声声叹息永无休。
思须与漕^③，　　　　　再想须城和漕邑，
我心悠悠。　　　　　　我的忧伤没尽头。
驾言出游^④，　　　　　驾着马车去出游，
以写我忧^⑤。　　　　　藉此排遣我忧愁。

【注释】

①肥泉：卫国泉名，即第一章所说之泉水。

②兹：同"滋"，更加，益发。永叹：长叹。

③须、漕：均为卫国地名。

④驾言：驾车。言，语助词。

⑤写：同"泻"，意为消除、排遣。

北门

【题解】

　　这是一首小官吏诉说自己愁苦的诗。他整天为政事繁忙，工作十分劳苦，却得不到相应的报偿；回到家中，还要受家人的责怪和讽刺。无可奈何之下，他只能归咎于天命。此诗通过握有一定权力的小官吏之口，反映了当时的社会矛盾。更值得思考的是，小官吏的境况是如此，那社会底层民众的生活更不堪设想了。《毛诗序》说："《北门》，刺仕不得志也。言卫之忠臣不得其志尔。"

出自北门，　　　　　　一路走出城北门，

忧心殷殷①。　　　　　忧愁烦恼压在心。

终窭且贫②，　　　　　既无排场又贫寒，

莫知我艰。　　　　　有谁知道我艰难。

已焉哉③！　　　　　算了吧！

天实为之，　　　　　老天安排这个样，

谓之何哉！　　　　　我还能够怎么办！

【注释】

①殷殷：忧愁深重的样子。

②终：既。窭（jù）：贫而简陋，无法讲求礼节排场。

③已焉哉：既然这样。

王事适我①，　　　　　王室差事派给我，

政事一埤益我②。　　　　政事全都推给我。

我入自外，　　　　　累了一天回家来，

室人交遍谪我③。　　　　家人个个责怪我。

已焉哉！　　　　　算了吧！

天实为之，　　　　　老天安排这个样，

谓之何哉！　　　　　对此我也无奈何！

【注释】

①王事：有关王室的差事。适：同"擿（zhì）"，扔。

②政事：指卫国国内的事。埤（pí）益：加给。下文"埤遗"同。

③谪：责怪。

王事敦我①，   王室差事逼迫我，
政事一埤遗我。   政事全都推给我。
我入自外，   累了一天回到家，
室人交遍摧我②。   家人讽刺说我傻。
已焉哉！   算了吧！
天实为之，   老天这样安排下，
谓之何哉！   我还能有啥办法。

【注释】

①敦：逼迫。
②摧：讽刺。

北风

【题解】

这是一首写卫君暴虐，祸乱将至，诗人偕友人急于逃难避祸的诗。《毛诗序》说："《北风》，刺虐也。卫国并为威虐，百姓不亲，莫不相携持而去焉。"诗中描绘的大雪纷飞、北风呼啸的情景，不仅是人们出逃时的天气状况，也影射了当时的政治气候。"莫赤匪狐，莫黑匪乌"二句，把"天下乌鸦一般黑"的黑暗统治一针见血地揭示出来。全诗章节紧凑，气氛如急弦骤雨；比喻形象，危乱如冰雪愁云。

北风其凉①，   北风刮来冰样凉，
雨雪其雱②。   大雪漫天白茫茫。
惠而好我③，   赞同我的好朋友，

携手同行。	携手一起快逃亡。
其虚其邪④？	岂能犹豫慢慢走？
既亟只且⑤！	事已紧急祸将降！

【注释】

①其凉：即"凉凉"，形容风寒。

②其雱（páng）：即"雱雱"，雪大的样子。

③惠而：即"惠然"，顺从、赞成之意。好我：同我友好。

④其：同"岂"，语气词，加强反问语气。虚："舒"的假借字。邪：有的本子作"徐"，虚邪，即"舒徐"，缓慢的样子。

⑤既：已经。亟：同"急"。只且（jū）：语助词。

北风其喈①，	北风刮来彻骨凉，
雨雪其霏。	雪花纷飞漫天扬。
惠而好我，	赞同我的好朋友，
携手同归②。	携手同去好地方。
其虚其邪？	岂能犹豫慢慢走？
既亟只且！	事已紧急祸将降！

【注释】

①喈（jiē）："湝"的假借字，寒凉。

②同归：一同走。与上下章的"同行""同车"意同。

| 莫赤匪狐①， | 天下狐狸毛皆赤， |
| 莫黑匪乌②。 | 天下乌鸦尽皆黑。 |

惠而好我，	赞同我的好朋友，
携手同车。	携手同车快离去。
其虚其邪？	岂能犹豫慢慢走？
既亟只且！	事已紧急莫后悔！

【注释】

①莫赤匪狐：狐狸没有不是红色的。

②莫黑匪乌：乌鸦没有不是黑色的。此句与上句以两种不祥的动
  物比喻当时的黑暗统治者。

静女

【题解】

　　这是一首写青年男女幽会的诗。全诗以男子的口吻来写，生动描
绘了幽会的全过程：男子赴约的欢快，女子故意隐藏起来的天真活泼可
爱，以及向男子赠物表达爱意的情景，使整首诗充满愉快而又幽默的情
趣。此诗构思十分灵巧，人物形象刻画生动，洋溢着浓烈的生活气息。
《毛诗序》说："《静女》，刺时也。卫君无道，夫人无德。"方玉润《诗经原
始》说："《静女》，刺卫宣公纳伋妻也。"即指卫宣公劫夺了其儿子伋的媳
妇宣姜的事。以上二说似皆不符诗意。

静女其姝①，	文静的姑娘真可爱，
俟我于城隅②。	约我城角楼上来。
爱而不见③，	故意躲藏让我找，
搔首踟蹰④。	急得我抓耳又挠腮。

【注释】

①静女:文静的姑娘。姝:美丽。

②俟(sì):等待。城隅:城角隐僻处。一说城上角楼。

③爱:通"薆",隐藏的意思。

④踟蹰(chí chú):徘徊。

静女其娈①，　　　　　　　文静的姑娘长得好，

贻我彤管②。　　　　　　　送我一支红管草。

彤管有炜③，　　　　　　　管草红得亮闪闪，

说怿女美④。　　　　　　　我爱它颜色真鲜艳。

【注释】

①娈(luán):美好的样子。

②贻:赠送。彤管:红管草。

③炜(wěi):鲜明的样子。

④说怿(yuè yì):喜爱。女:你,指红管草。

自牧归荑①，　　　　　　　郊外采荑送给我，

洵美且异②。　　　　　　　荑草美好又奇异。

匪女之为美③，　　　　　　不是荑草真奇异，

美人之贻。　　　　　　　　只因是美人送我的。

【注释】

①牧:郊外。归:通"馈",赠送。荑(tí):初生的白芽。

②洵:实在。异:奇异。

③女：你。这里指荑草。

新台

【题解】

这是民众讽刺卫宣公劫夺儿媳的诗。《毛诗序》："《新台》，刺卫宣公也。纳伋之妻，筑新台于河上而要之。国人恶之，而作是诗也。"伋，是宣公的世子，宣公为伋娶齐女为妻，听说齐女很美，就在河边筑了一座新台，自己娶了齐女，称宣姜。《史记·卫康叔世家》也记载了这件事。人们憎恨此类乱伦之行，作诗讽刺。

新台有泚①，	新台明丽又辉煌，
河水㳽㳽②。	河水洋洋东流淌。
燕婉之求③，	本想嫁个如意郎，
籧篨不鲜④！	却是丑得蛤蟆样！

【注释】

①新台：台名，卫宣公为迎娶新媳妇所筑之台。旧说其址在今河南临漳西黄河边。有泚(cǐ)：即"泚泚"，鲜明的样子。泚，"玼"的假借字。

②㳽㳽(mǐ)：水盛大的样子。

③燕婉：柔和美好的样子。

④籧篨(qú chú)：癞蛤蟆一类的东西。不鲜：不善。

新台有洒①，	新台高大又壮丽，
河水浼浼②。	河水漫漫东流去。

燕婉之求，	本想嫁个如意郎，
籧篨不殄^③！	却是丑得不成样！

【注释】

①洒（cuǐ）：高峻的样子。

②浼浼（měi）：同"浘浘"，水盛貌。

③不殄（tiǎn）：同"不鲜"。或以为不美。

鱼网之设，	布好渔网把鱼捕，
鸿则离之^①。	没想蛤蟆网中游。
燕婉之求，	本想嫁个如意郎，
得此戚施^②！	得到这人却是这样丑！

【注释】

①鸿：一说指大雁。闻一多《〈诗·新台〉"鸿"字说》一文考证，鸿就
　是虾蟆。此处采取闻说。离：同"罹"，本义是遭到、遭遇。这里
　指落网。

②戚施：蟾蜍，蛤蟆。

二子乘舟

【题解】

　　这是一首友人送别之诗。两位朋友乘舟远行，诗人既怀着依依惜
别之情，又担心他们的安全，写下了这首诗。一说"二子"指卫宣公的两
个儿子太子伋和公子寿，他们是同父异母兄弟，宣公夫人宣姜欲废除太

子伋而立己子公子寿,派人和太子伋一起乘舟,欲沉船而杀之。公子寿同情太子伋,便登上太子伋所乘之船,使人不得杀伋。此诗是太子伋的傅母因担心他们的安危而作。

二子乘舟①,　　　　两人乘一叶孤舟,
泛泛其景②。　　　　渐渐向远处漂流。
愿言思子③,　　　　深深思念你们俩,
中心养养④。　　　　我心中充满忧愁。

【注释】

①二子:指诗人的两个朋友。旧说指卫宣公的两个儿子伋和寿。
②泛泛:船漂浮的样子。景:通"憬",远行。
③愿:思念。言:通"焉"。
④养养:忧思不安的样子。

二子乘舟,　　　　两人乘一叶小船,
泛泛其逝①。　　　　渐渐地越行越远。
愿言思子,　　　　深深思念你们俩,
不瑕有害②。　　　　愿你们顺利平安。

【注释】

①逝:往,去。
②不瑕:不至于。害:祸患。

鄘风

"鄘风"是鄘地流行的乐调。鄘在今河南汲县境内。武王灭殷,占领殷都朝歌一带地方,分其地为邶、鄘、卫三国。武王死后,武庚叛乱,周公便以其地尽封弟康叔,为卫国。所以今《鄘风》存诗,都是卫诗。特别值得一提的是《载驰》一诗,明确记载了诗的作者,她就是我国第一位女诗人许穆夫人。今存诗十篇。

柏舟

【题解】

这首诗抒写爱情受挫的苦恼。一位少女自己选中了意中人,却受到家长的反对,因此她发出了呼天呼母的悲叹,表达了对婚姻不自由的深切怨恨。诗以流动漂浮的柏舟起兴,隐含着命运的飘忽不定;又以少女自诉的手法直抒胸臆,感情充沛,打动人心。

汎彼柏舟①,	柏木船儿在漂荡,
在彼中河②。	漂泊荡漾河中央。
髧彼两髦③,	垂发齐眉少年郎,

实维我仪④。　　　　　是我心中好对象。

之死矢靡它⑤。　　　　至死不会变心肠。

母也天只⑥，　　　　　我的天啊我的娘，

不谅人只！　　　　　为何对我不体谅！

【注释】

①汎：浮行。这里形容船在河中不停漂浮的样子。

②中河：即"河中"。

③髧（dàn）：发下垂貌。髦（máo）：齐眉的头发。

④维：乃，是。仪：配偶。

⑤之死：至死。矢靡它：没有其他。矢，誓。靡，无。它，其他。

⑥也：与"不谅人只（zhǐ）"之"只"均为感叹语气助词。

汎彼柏舟，　　　　　柏木船儿在漂荡，

在彼河侧。　　　　　一漂漂到河岸旁。

髧彼两髦，　　　　　垂发齐眉少年郎，

实维我特①。　　　　我愿与他配成双。

之死矢靡慝②。　　　至死不会变主张。

母也天只，　　　　　我的天啊我的娘，

不谅人只！　　　　　为何对我不体谅！

【注释】

①特：配偶。

②慝（tè）：通"忒"，变，更改。

墙有茨

【题解】

这是一首揭露和讽刺卫国统治者荒淫无耻的诗。卫宣公劫娶了儿子的聘妻宣姜,宣公死后,他的庶长子顽又与宣姜私通,生下了三男二女。《毛诗序》说:"《墙有茨》,卫人刺其上也。公子顽通乎君母,国人疾之而不可道也。"《郑笺》:"宣公卒,惠公幼,其庶兄顽烝于惠公之母,生子五人:齐子、戴公、文公、宋桓夫人、许穆夫人。"这些宫中丑行,真是不可说不可道。诗中虽然没有指出具体的丑行,但已经将他们的无耻面目揭露无余。

墙有茨①,	墙上有蒺藜,
不可埽也②。	不可扫除它。
中冓之言③,	宫中私房话,
不可道也!	不可传播啊!
所可道也,	如果传出来,
言之丑也!	丑不可言啊!

【注释】

①茨(cí):蒺藜。

②埽(sǎo):同"扫"。

③中冓(gòu):宫闱,宫廷内部。

墙有茨,	墙上有蒺藜,
不可襄也①。	不可去除它。

中冓之言，　　　　宫中私房话，
不可详也^②！　　不可细说啊！
所可详也，　　　　如果说出来，
言之长也！　　　　丑事太多啊！

【注释】

①襄：除去，扫除。

②详：细说。

墙有茨，　　　　　墙上有蒺藜，
不可束也^①。　　不能去掉它。
中冓之言，　　　　宫中私房话，
不可读也^②！　　不可吐露啊！
所可读也，　　　　如果说出来，
言之辱也！　　　　真感到羞耻啊！

【注释】

①束：总集而去。这里是打扫干净的意思。

②读：宣扬。

君子偕老

【题解】

　　这也是讽刺卫宣公夫人宣姜的诗。《墙有茨》讽刺厌恶的情绪很鲜明，而此诗的讽刺意味却含蓄不露。通篇大多为叹美之词，说宣姜的仪容之美、服饰之美,只有二句"子之不淑,云如之何",隐含讽刺。这种用丽辞写丑行的手法,对后世也有影响,如杜甫《丽人行》的命笔用意,就与此诗相同。吕东莱评论说:"首章之末云'子之不淑,云如之何',责之也。二章之末云'胡然而天也,胡然而帝也',问之也。三章之末云'展如之人兮,邦之媛也',惜之也。辞益婉而意益深矣。"也有人认为这是齐姜嫁到卫国之后,诗人对她的不幸深表同情所作的诗。可备一说。

君子偕老①,	她和君子共偕老,
副笄六珈②。	头插玉簪和步摇。
委委佗佗③,	举止从容仪万方,
如山如河④,	如山稳重如水漂,
象服是宜⑤。	合身画袍文彩耀。
子之不淑⑥,	可是行为却不端,
云如之何!	如何说她才是好!

【注释】

①君子:指卫宣公。偕老:夫妻相偕到老。一般指美满夫妻,这里含讽刺意味。

②副:古代首饰名。《释名》:"王后首饰曰副。"笄(jī):首饰名。古人头上固定冠的横簪。珈(jiā):首饰名。珈是副笄上的玉饰。走路时会摇动,故又称"步摇"。其数有六,故称"六珈"。

③委委佗佗(tuó):形容宣姜举止从容,步态仪容优美。一说形容头饰(即"副笄六珈")之盛。

④如山如河:形容仪态稳重深沉,如山之凝重、水之渊深。或以为静如山、行如水。

⑤象服:绘有文饰的礼服,贵族夫人所服。亦名"祎衣"。宜:适宜。

⑥不淑：旧释为"不善"，指品德不好。

玼兮玼兮①，	文采华美颜色艳，
其之翟也②。	绘羽翟衣耀人眼。
鬒发如云③，	黑发稠密像乌云，
不屑髢也④。	不用假发来装点。
玉之瑱也⑤，	鬓旁耳瑱光闪闪，
象之揥也⑥，	象牙搔头髻上簪，
扬且之皙也⑦。	面容白净又光鲜。
胡然而天也⑧！	莫非天仙降人间！
胡然而帝也⑨！	莫非帝女下了凡！

【注释】

①玼(cǐ)：玉色鲜明貌。此处形容服饰鲜艳。

②翟(dí)：翟衣。朱熹《诗集传》："翟衣，祭服。刻绘为翟雉之形而彩画之以为饰也。"这里指有野鸡纹饰的礼服。

③鬒(zhěn)：头发密而黑。如云：形容头发像云一样稠密。

④髢(tì)：假发做的髻。

⑤瑱(tiàn)：耳瑱，又叫"充耳"，垂于两鬓的玉饰。

⑥象之揥(tì)：以象骨或象牙做成的搔首簪。

⑦扬：形容颜色之美。或以为明亮。且(jū)：语助词。皙：面色白净。

⑧胡：何，为什么。然：如此，这样。而：如。

⑨帝：上帝。或以为帝子、神女。

瑳兮瑳兮①，	文采华美颜色艳，

其之展也② 。	洁白展衣耀人眼。
蒙彼绉绨③ ,	绉纱衣服外面罩,
是绁袢也④ 。	葛布内衣贴身穿。
子之清扬⑤ ,	双眸清澈又明亮,
扬且之颜也⑥ 。	眉清目秀好容颜。
展如之人兮⑦ !	竟然如此美貌啊!
邦之媛也⑧ !	国中绝世的美媛!

【注释】

①瑳(cuō):与"玼"义同,玉色鲜明貌。

②展:展衣。一说为浅红色的纱衣,或为白色的礼服。

③蒙:罩。绉绨(zhòu chī):精细的葛布。或以为细绉的葛布。

④绁袢(xiè pàn):内衣。绁,亦作"亵",指亵衣,贴身穿的衣服。

⑤清扬:指目光明亮。

⑥颜:指容颜美,有光彩。

⑦展:乃。旧训"诚",亦通。

⑧邦:国家。媛:美人。

桑中

【题解】

　　这是一首男子唱的情歌。他在劳动的时候,回忆起曾和姑娘约会的事,情之所至,随口唱出了这首歌,表达对美好爱情的追求。诗用自问自答的形式,语句和谐流畅,情绪欢快热烈。

爰采唐矣①？	到哪儿去采女萝啊？
沬之乡矣②。	到那卫国的沬乡。
云谁之思③？	我的心中在想谁啊？
美孟姜矣④。	漂亮大姐她姓姜。
期我乎桑中⑤，	约我等待在桑中，
要我乎上宫⑥，	邀我相会在上宫，
送我乎淇之上矣⑦。	送我远到淇水上。

【注释】

①爰：在什么地方。唐：蔓生植物，女萝，俗称菟丝。

②沬(mèi)：地名，春秋时卫邑，即牧野，故地在今河南淇县。

③云：句首语助词。

④孟：排行居长。姜：姓。

⑤期：约会。桑中：卫国地名，亦名桑间，在今河南滑县东北。一说
　指桑树林中。

⑥要：邀请，约请。上宫：楼名。

⑦淇：水名。淇水在今河南浚县东北。

爰采麦矣？	到哪儿去采麦穗啊？
沬之北矣。	到那卫国沬乡北。
云谁之思？	我的心中在想谁啊？
美孟弋矣①。	漂亮大姐她姓弋。
期我乎桑中，	约我等待在桑中，
要我乎上宫，	邀我相会在上宫，
送我乎淇之上矣。	送我远到淇水滨。

【注释】

①弋(yì)：姓。

<table>
<tr><td>爰采葑矣？</td><td>到哪儿去采蔓菁啊？</td></tr>
<tr><td>沬之东矣。</td><td>到那卫国沬乡东。</td></tr>
<tr><td>云谁之思？</td><td>我的心中在想谁啊？</td></tr>
<tr><td>美孟庸矣^①。</td><td>漂亮大姐她姓庸。</td></tr>
<tr><td>期我乎桑中，</td><td>约我等待在桑中，</td></tr>
<tr><td>要我乎上宫，</td><td>邀我相会在上宫，</td></tr>
<tr><td>送我乎淇之上矣。</td><td>送我远到淇水滨。</td></tr>
</table>

【注释】

①庸：姓。

鹑之奔奔

【题解】

　　这是一首谴责、讽刺卫国国君的诗。诗人看到鹌鹑和喜鹊都有自己的配偶，可以双飞、相随，自己却连这些禽鸟都不如，心中无比愤怒，责骂不善的统治者，不配当一国之君。一说此诗大约是卫国群公子怨刺惠公并涉及其父宣公之诗。姚际恒说："'为兄'、'为君'，乃国君之弟所言耳，盖刺宣公也。"(《诗经通论》)，可备一说。《毛诗序》则认为是刺卫宣姜的，"卫人以为宣姜鹑鹊之不若也"。有人也赞同此说。

鹑之奔奔①，　　　　　　　鹌鹑尚且双双飞，
鹊之彊彊②。　　　　　　　喜鹊也是成双对。
人之无良，　　　　　　　　这人心地不善良，
我以为兄③。　　　　　　　为何以他为长兄。

【注释】

①鹑：鸟名，即鹌鹑。大如小鸡，头细而无尾，毛有斑点。奔奔：飞
　貌。《左传》作"贲贲"，"贲贲"同"奔奔"，《郑笺》："言其居有常
　匹，飞则相随之貌。"

②鹊：乌鹊。彊彊（qiāng）：义同"奔奔"。

③我：《韩诗》作"何"，较胜。兄：兄长。这里当是指宗族之长。

鹊之彊彊，　　　　　　　　喜鹊尚且成双对，
鹑之奔奔。　　　　　　　　鹌鹑也是双双飞。
人之无良，　　　　　　　　这人丝毫没良心，
我以为君①！　　　　　　　为何把他当国君！

【注释】

①君：君主。

定之方中

【题解】

　　这是一首赞美卫文公从漕邑迁到楚丘，重建卫国的诗。《毛诗序》
说："《定之方中》，美卫文公也。卫为狄所灭，东徙渡河，野处漕邑。齐

桓公攘戎狄而封之。文公徙居楚丘,始建城市而营宫室,得其时制,百姓说之,国家殷富焉。"据《左传》记载,卫懿公九年冬,狄人伐卫,杀卫懿公。卫国遗民在宋桓公的帮助下,渡河露居于漕邑,立宣姜子申,是为戴公。不久戴公死,卫人又立戴公弟燬,是为文公。齐桓公率诸侯兵替卫国筑城于楚丘。卫文公"大布之衣,大帛之冠,务材训农,通商惠工,敬教劝学,授方任能",使卫国出现了新气象。这首诗便记述了卫文公建宫楚丘、经营卫国的情景。

定之方中①,	定星现于天正中,
作于楚宫②。	楚丘宗庙始动工。
揆之以日③,	日影用以测方向,
作于楚室。	打好住宅地基功。
树之榛栗④,	种植榛树和栗树,
椅桐梓漆⑤,	还有梓漆椅梧桐,
爰伐琴瑟。	成材可做琴瑟用。

【注释】

①定:星名,又名"营室",二十八宿之一。方中:正在当中。每年小雪时(夏历十月或十一月),定星于黄昏时出现在正南方,所以叫"方中"。古人常于此时兴建宫室。

②作于楚宫:即在楚丘地方营建宫室。作于,作为。楚宫,在楚丘地方筑宫室宗庙,所以叫"楚宫"。楚丘在今河南滑县东。

③揆(kuí)之以日:指度日影以正方向。揆,测度。

④树:种植,栽。榛栗:落叶乔木,榛果形圆而壳厚,栗果比榛大。两种果实皆可食,味美,也可供祭祀之用。

⑤椅桐梓(zǐ)漆:四种木名。椅,梧桐类树木。桐,即梧桐。梓,木

质优良,轻软,耐朽,供建筑及制家具乐器用。漆,树汁可以漆物者为漆。这四种树木,都是做琴瑟的好材料。

升彼虚矣^①,	登在漕邑丘墟上,

升彼虚矣^①,　　　　　登在漕邑丘墟上,
以望楚矣。　　　　　　　远望楚丘这方向。
望楚与堂^②,　　　　　看到楚丘和堂邑,
景山与京^③,　　　　　还有高丘和山岗,
降观于桑^④。　　　　　下山再观田中桑。
卜云其吉^⑤,　　　　　占卜结果很吉利,
终然允臧^⑥。　　　　　前程美好有希望。

【注释】

①升:登。虚:故城址或大丘。
②堂:卫邑,或以为即博州堂邑。或以为堂山。
③景山:远山。京:高山。
④降:从高处下来。观:考察,观看。桑:桑田。
⑤卜云其吉:经占卜得出结果说吉利。卜,用龟甲占卜。其吉,二字是所得卜辞。
⑥允臧:确实好。

灵雨既零^①,　　　　　好雨徐徐刚下完,
命彼倌人^②。　　　　　命令管车小马倌。
星言夙驾^③,　　　　　满天星时早驾车,
说于桑田^④。　　　　　加鞭停歇在桑田。
匪直也人^⑤,　　　　　不仅正直为百姓,

秉心塞渊⑥，　　　　　　　　心地诚善谋虑远，
骒牝三千⑦。　　　　　　　　种马要养到三千。

【注释】

①灵雨：好雨。一说"灵"为"霝"之借，落也。零：雨徐徐而降。

②倌人：主驾车马的小臣。

③星：即披星之意，指早行。

④说：通"税"，停车。

⑤匪：彼。直：正直。

⑥秉心：居心。塞：诚实。渊：深沉。

⑦骒牝(lái pìn)：均指马。骒，七尺以上的马。牝，母马。

蝃蝀

【题解】

这首诗是谴责一个女子不按当时的婚配之道行事，而自行私奔的行为。《毛诗序》说："《蝃蝀》，止奔也。卫文公能以道化其民，淫奔之耻，国人不齿也。"从全诗看，有两个层面：一是认为女子出嫁乃天经地义之事；二是婚姻不讲信誉，不遵父母之命，是不应该的。主要方面则是指责不守婚约而私奔。

蝃蝀在东①，　　　　　　　　彩虹出现天之东，
莫之敢指②。　　　　　　　　没人敢用手来指。
女子有行③，　　　　　　　　女子成年要出嫁，
远父母兄弟。　　　　　　　　远离父母和弟兄。

【注释】

①螮蝀(dì dōng)：虹。古人认为婚姻错乱则会出现彩虹。

②莫之敢指：民俗以为用手指点彩虹，指头上要长疔。

③行：道。一说出嫁。

朝隮于西^①，　　　　　彩虹出现天之西，

崇朝其雨^②，　　　　　上午肯定会下雨。

女子有行，　　　　　　女子成年要出嫁，

远兄弟父母。　　　　　远离父母和兄弟。

【注释】

①隮(jī)：虹。

②崇朝：终朝，即午前。俗以为朝见虹是阴雨的征兆。

乃如之人也，　　　　　可是眼前这个人，

怀昏姻也^①。　　　　　不按正道来婚配。

大无信也^②，　　　　　信用贞洁全不讲，

不知命也^③。　　　　　父母教导不遵循。

【注释】

①怀：思。王先谦《诗三家义集疏》以为是"坏"的借字，"坏昏姻"，
　指不按照婚姻之正道行事，即不遵媒妁之言，父母之命。

②大无信：太不守信。或认为信指贞洁。

③命：父母之命。

相鼠

【题解】

这是一首讽刺诗。《毛诗序》说："《相鼠》，刺无礼也。卫文公能正其群臣，而刺在位承先君之化，无礼仪也。"说卫文公刺在位而无礼仪的人，但讽刺的是什么人呢？没说清楚。《毛传》解释说："虽居尊位，犹为暗昧之行。"讽刺的是高高在上的统治者，他们虽然处于尊贵的地位，却干着不可见人的卑鄙勾当，做着难以启齿的无耻之事。诗中用人人厌恶的老鼠来和统治者对比，老鼠尚且"有皮""有齿""有体"，可这些卑鄙的统治者却"无仪""无止""无礼"，他们既没有合乎礼节的仪表行态，做起坏事又毫无节制，内心深处也不懂礼法。这样连老鼠都不如的禽兽之徒，还有什么脸面活在世上呢？所以诗人诅咒他们"赶快去死吧"，"不死还等什么呢"。诗中讽刺的具体是什么人、什么事，现已无考，但诗人当时肯定是有所指的，主要指责统治者道德水平的低下，这就会使人联想：这样不如禽兽的人怎么能治理好国家呢？

相鼠有皮①，　　　　　　看那老鼠还有皮，
人而无仪②。　　　　　　做人怎能没威仪。
人而无仪，　　　　　　　做人如果没威仪，
不死何为③？　　　　　　不如早早就死去。

【注释】

①相：看。

②仪：威仪。

③何为：为何，做什么。

相鼠有齿，	看那老鼠还有齿，
人而无止①。	做人行为没节制。
人而无止，	做人如果没节制，
不死何俟②？	还等什么不去死？

【注释】

①止：节制，用礼仪来约束自己的行为。

②俟（sì）：等待。

相鼠有体，	看那老鼠还有体，
人而无礼。	做人反而不守礼。
人而无礼，	做人如果不守礼，
胡不遄死①？	赶快去死别迟疑。

【注释】

①遄（chuán）：快，迅速。

干旄

【题解】

这是赞美卫文公能够招致贤才，用心复兴卫国的诗。《毛诗序》说："《干旄》，美好善也。卫文公臣子多好善，贤者乐告以善道也。"说得比较正确。诗中叙述了卫国官吏带着布帛良马，树起招贤大旗，到浚邑访问贤才的景况。朱熹说："言卫大夫乘此车马，建此旌旄，以见贤者。彼其所见之贤者，将何以畀之，而答其礼意之勤乎？"（《诗集传》）很符合诗意。

孑孑干旄①，   牛尾之旗高高飘，
在浚之郊②。   人马来到浚城郊。
素丝纰之③，   素丝束束理分明，
良马四之。   良马四匹礼不轻。
彼姝者子④，   那位忠顺的贤士，
何以畀之⑤。   你用什么来回敬。

【注释】

①孑孑(jié)：旗帜高举的样子。干旄(máo)，竿头上饰有牛尾的旗。
②浚：卫邑，古址在今河南浚县。
③素丝：白丝，一说束帛。纰(pí)：束丝之法。闻一多《诗经新义》：
　"纰、组、祝，皆束丝之法。"
④彼：那。姝：顺从貌。子：指贤者。
⑤畀(bì)：给予。

孑孑干旟①，   鹰纹大旗高高飘，
在浚之都②。   人马来到浚近郊。
素丝组之③，   束帛层层堆得好，
良马五之④。   良马五匹选得妙。
彼姝者子，   那位忠顺的贤士，
何以予之。   你用什么来回报。

【注释】

①旟(yú)：有鹰雕纹饰的旗帜。

②都：近郊。

③组：束丝之法，一组组，一层层。

④五之：这里是指以五马为聘礼。

孑孑干旌^①，	鸟羽旗帜高高飘，

孑孑干旌^①，　　　　　鸟羽旗帜高高飘，
在浚之城。　　　　　　人马来到浚城里。
素丝祝之^②，　　　　　束帛捆捆堆得好，
良马六之。　　　　　　良马六匹真不少。
彼姝者子，　　　　　　那位忠顺的贤士，
何以告之^③。　　　　　有何良策来回报。

【注释】

①旌：以五彩鸟羽为饰的旗帜。

②祝：厚积之状，堆集貌。

③告：建议。

载驰

【题解】

　　相传此诗为许穆夫人所作。许穆夫人是卫戴公、卫文公的妹妹。卫国被狄人破灭后，由于宋国的帮助，遗民在漕邑安顿下来。许穆夫人听到卫国的情况，立即奔赴漕邑慰问，并提出联齐抗狄的主张，受到许国大夫的反对。此诗即讲述了这件事，表达了诗人强烈的爱国思想、坚强不屈的性格，以及非凡的卓识远见。《毛诗序》说："《载驰》，许穆夫人作也。闵其宗国颠灭，自伤不能救也。卫懿公为狄人所灭，国人分散，露于漕邑。许穆夫人闵卫之亡，伤许之小，力不能救，思归唁其兄，又义

不得,故赋是诗也。"很正确。程俊英先生评价此诗说:"《载驰》的风格沉郁顿挫,感慨欷歔(xī xū),但悲而不污,哀而不伤,一种英迈壮往之气充溢行间。……没有真挚的爱国之心,怎能唱出激昂的歌曲;而后人吟咏此诗,虽千载之后,犹如闻其声,如见其人。"这个评论是很贴切的。这首明确记载了作者姓名的诗,使许穆夫人成为世界历史上有记载的最早的女诗人。

载驰载驱①,	车马奔驰快快走,
归唁卫侯②。	回国慰问我卫侯。
驱马悠悠③,	驱马前奔路遥遥,
言至于漕④。	恨不一步来到漕。
大夫跋涉⑤,	许国大夫来劝阻,
我心则忧。	他们如此我心忧。

【注释】

①载:"乃"的意思,发语词。驰、驱:马跑为"驰",策鞭为"驱",总为快马加鞭之意。

②唁(yàn):慰问死者家属。此指慰问失国的人。

③悠悠:形容道路悠远。

④漕:卫国邑名。

⑤大夫:指许国劝阻许穆夫人到卫吊唁的大臣。跋涉:登山涉水。指许国大夫相追事。

既不我嘉①,	纵然你们不赞同,
不能旋反②。	我也不能返回城。
视尔不臧③,	看来你们无良策,

我思不远④。　　　　　　　我的计划尚可行。

既不我嘉，　　　　　　　　纵然你们不赞同，

不能旋济⑤。　　　　　　　决不回头再返城。

视尔不臧，　　　　　　　　看来你们无良策，

我思不閟⑥。　　　　　　　我的想法尚可通。

【注释】

①既：都，尽。不我嘉：不赞同我。嘉，赞同。

②旋反：回归。反，同"返"。

③臧：善。

④不远：不迂阔，切实可行。

⑤济：渡水。

⑥閟(bì)：闭塞不通。

陟彼阿丘①，　　　　　　　登上那个高山冈，

言采其蝱②。　　　　　　　采些贝母疗忧伤。

女子善怀③，　　　　　　　女子虽然爱多想，

亦各有行④。　　　　　　　自有道理和主张。

许人尤之，　　　　　　　　许国大夫责备我，

众稚且狂⑤。　　　　　　　真是幼稚又狂妄。

【注释】

①陟(zhì)：登。阿丘：小丘。

②蝱(méng)：草药名，即贝母。可以治疗忧郁症。

③善怀：多忧思。

④行：道理。

⑤众：与"终"通用，既的意思。稚：幼稚。

<table>
<tr><td>我行其野，</td><td>走在故国田野上，</td></tr>
<tr><td>芃芃其麦①。</td><td>麦苗青青长势旺。</td></tr>
<tr><td>控于大邦②，</td><td>快求大国来相帮，</td></tr>
<tr><td>谁因谁极③？</td><td>依靠他们来救亡。</td></tr>
<tr><td>大夫君子，</td><td>各位大夫听我说，</td></tr>
<tr><td>无我有尤④。</td><td>我的主张没有错。</td></tr>
<tr><td>百尔所思，</td><td>尽管你们主意多，</td></tr>
<tr><td>不如我所之⑤。</td><td>不如我去求大国。</td></tr>
</table>

【注释】

①芃芃（péng）：茂盛的样子。

②控：赴告，走告。大邦：大国。此指齐国。

③因：依靠。极：至。此指来救援。

④尤：过错。

⑤所之：所往。

卫风

《卫风》也产生于殷商故地，主要内容与《邶风》《鄘风》大致相同。其中比较著名的如《硕人》对人物形象的描写、《氓》对人物心理的刻画，都对后世影响很大。现存诗十首。

淇奥

【题解】

这是赞美卫国一位君子的诗。旧说赞美的是卫武公。《左传》昭公二年："北宫文子赋《淇奥》。"杜预注说："《淇奥》，美武公也。"《毛诗序》也说："《淇奥》，美武公之德也。"据《史记》记载，"武公即位，修康叔之政，百姓和集"，"佐周平戎甚有功"。可见他在治理国家上，是颇有作为的。他还善于写诗，传说《抑》《宾之初筵》就是他的作品。

瞻彼淇奥①。	眺望淇水岸弯弯，
绿竹猗猗②。	绿竹葱葱映两岸。
有匪君子③，	文采风流的君子，
如切如磋④，	如同象牙经切磋，

如琢如磨。	如同美玉经琢磨。
瑟兮僩兮⑤，	矜持庄严貌威武，
赫兮咺兮⑥。	光明正大胸磊落。
有匪君子，	文采风流的君子，
终不可谖兮⑦。	终记心中永不没。

【注释】

①瞻：看。淇：淇水。奥(yù)：又作"澳"或"隩"，水岸深曲处。

②绿竹：绿，也作"菉"，又名王刍。竹，即萹竹。是一种草。一说指绿色之竹。朱熹《诗集传》说："绿，色也。淇上多竹，汉世犹然，所谓淇园之竹是也。"猗猗(yī)：美盛貌。

③有匪：即"匪匪"，有文采、有才华的样子。匪，通"斐"。

④切、磋：与下句中"琢""磨"皆治器的方法。用以比喻君子的修养方法。《毛传》："治骨曰切，象(象牙)曰磋，玉曰琢，石曰磨。"

⑤瑟兮：形容君子德容之缜密庄严，秩然不乱。瑟，"璱"的假借字，矜持庄严貌。僩(xiàn)：威武貌。

⑥赫：光明正大貌。咺(xuān)：通"愃"或"煊"，心胸坦白开阔貌。

⑦谖(xuān)：忘记。

瞻彼淇奥，	眺望淇水岸弯弯，
绿竹青青。	绿竹青青枝叶繁。
有匪君子，	文采风流的君子，
充耳琇莹①，	充耳玉填亮闪闪，
会弁如星②。	帽上美玉星一般。
瑟兮僩兮，	矜持庄严貌威武，

赫兮咺兮。	正大光明心胸坦。
有匪君子，	文采风流的君子，
终不可谖兮。	始终被人记心间。

【注释】

①充耳：垂在冠冕两侧用以塞耳的玉。亦名瑱。琇（xiù）莹：指充耳
　　玉瑱晶莹明澈。琇，次于玉的宝石。莹，玉色晶莹。

②会：皮帽两缝相合处。弁（biàn）：皮冠。

瞻彼淇奥，	眺望淇水岸弯弯，
绿竹如箦①。	绿竹茂密碧如染。
有匪君子，	文采风流的君子，
如金如锡②，	如金如锡质精坚，
如圭如璧③。	如圭如璧性洁坦。
宽兮绰兮④，	宽厚温柔又稳重，
猗重较兮⑤。	登车凭倚貌从容。
善戏谑兮⑥，	言谈风雅妙趣生，
不为虐兮⑦。	平易待人无妄行。

【注释】

①箦（zé）：同"积"，丛积之貌，形容茂盛。

②金、锡：指金、锡两种金属。金、锡须锻炼才能成器。《诗集传》
　　说："金、锡言其锻炼之精纯。"

③圭、璧：玉制饰品。此以圭、璧形容君子品质之美。圭为长方形，
　　上端尖。璧为圆形，中有小孔。

④宽:宽宏能容人。绰:和缓,柔和。

⑤猗:通"倚",倚靠。重较:车旁边人所倚靠的横木或厢板。上有曲
　钩外反叫"较"。较上更设曲铜钩,叫"重较"。马瑞辰《毛诗传笺
　通释》:"盖车辂上之木为较,较上更饰以曲钩,若重起者然,是为
　重较。"

⑥戏谑:指言谈风趣。

⑦虐:过分。

考槃

【题解】

　这是一首古老的隐士之歌,真切地道出了隐居生活的快乐。《孔丛
子》记载:"孔子曰:'吾于《考槃》,见士之遁世而不闷也。'"对隐者颇为
赞许。方玉润《诗经原始》也说:"此美贤者隐居自乐之词。"此诗创造了
一个清淡闲适的意境,有一种怡然自得之趣。

　考槃在涧①,　　　　　　　　筑成木屋山涧间,
　硕人之宽②。　　　　　　　　贤人居如天地宽。
　独寐寤言③,　　　　　　　　独眠独醒独自言,
　永矢弗谖④。　　　　　　　　永记快乐不言传。

【注释】

①考:筑成,建成。槃(pán):架木为屋。方玉润《诗经原始》引黄一
　正曰:"槃者,架木为室,盘结之义也。"一说"考"为"扣"的假借
　字。"槃"通"盘",指盛水的木制器皿。意指贤人扣盘而歌。义
　稍逊。

②硕人：大人，美人，贤人。这里指隐者。宽：宽敞。

③独寐寤言：独睡、独醒、独自言。指不与人交往。

④永：永久。矢：发誓。弗谖（xuān）：不忘记。

考槃在阿①，　　　　　　筑成木屋山之坡，

硕人之薖②。　　　　　　贤人居如安乐窝。

独寐寤歌，　　　　　　　独眠独醒独自歌，

永矢弗过③。　　　　　　绝不走出这山阿。

【注释】

①阿（ē）：大陵，或以为曲陵。

②薖（kē）：同"窝"。一说为"窠"的假借字。

③弗过：永远不复入君之朝。一说永不过问世事。过，过从，交往。

考槃在陆①，　　　　　　筑成木屋在高原，

硕人之轴②。　　　　　　贤人在此独盘桓。

独寐寤宿，　　　　　　　独眠独醒独自宿，

永矢弗告③。　　　　　　此中乐趣不能言。

【注释】

①陆：高平之地。

②轴：盘桓不行貌。

③弗告：不以此乐告人。

硕人

【题解】

这是卫人赞美卫庄公夫人庄姜的诗。全诗写她出嫁来到卫国时的盛况。先写她的出身高贵,继写她的美貌风姿,连用五个比喻,描绘出她形体的美。最为传神的是,诗人只用了八个字"巧笑倩兮,美目盼兮",就让一个笑盈盈的美丽少女站在了我们面前。后来这两句诗成为描写美人之美只可意会、不可言传的千古名句。此诗到此并未结束,后面接着写她出嫁的排场及沿途的风景,用了六个摹形或摹声的叠词:"洋洋""活活""涉涉""发发""揭揭""孽孽",使途中景色也活了起来,真可谓情景交融。

硕人其颀①,	高高身材一美女,
衣锦褧衣②。	身着锦服和罩衣。
齐侯之子③,	她是齐侯的爱女,
卫侯之妻④,	她是卫侯的娇妻,
东宫之妹⑤,	她是太子的胞妹,
邢侯之姨⑥,	她是邢侯的小姨,
谭公维私⑦。	谭公是她亲妹婿。

【注释】

①硕:高大。其颀(qí):即"颀颀",身材高大的样子。

②衣锦褧(jiǒng)衣:这句指里面穿着华丽的锦衣,外面罩着麻布制的罩衫,是女子出嫁途中所着装束。衣,前"衣"字,作动词用,即穿的意思。褧,罩衫。

③齐侯:指齐庄公。子:女儿。

④卫侯:指卫庄公。

⑤东宫:指齐太子得臣。东宫为太子住地,因称太子为东宫。

⑥邢:国名,在今河北邢台。姨:指妻子的姐妹。

⑦谭:亦作"鄣",国名,在今山东济南历城。维:是。私:女子称姊妹
的丈夫为私,即现在的姐夫或妹夫。

手如柔荑①,	手指纤纤如嫩荑,
肤如凝脂②,	皮肤白皙如凝脂,
领如蝤蛴③,	美丽脖颈像蝤蛴,
齿如瓠犀④,	牙如瓠籽白又齐,
螓首蛾眉⑤。	额头方正眉弯细。
巧笑倩兮⑥,	微微一笑酒窝妙,
美目盼兮⑦。	美目顾盼眼波俏。

【注释】

①柔荑:柔嫩的初生白茅的幼苗。

②凝脂:凝结的脂肪,形容肤色光润。

③蝤蛴(qiú qí):天牛的幼虫,白色细长。形容脖颈长而白。

④瓠犀(hù xī):葫芦籽。形容牙齿白而整齐。

⑤螓(qín):虫名,似蝉而小,它的额头宽大方正。这里形容额头宽
阔。蛾:蚕蛾,它的触角细长而弯。

⑥倩(qiàn):笑时脸上的酒窝。

⑦盼:眼睛黑白分明的样子。

硕人敖敖①,	美人身材高又高,
说于农郊②。	停车休息在近郊。

四牡有骄③，　　　　　　四匹雄马气势骄，
朱幩镳镳④，　　　　　　马勒上边红绸飘，
翟茀以朝⑤。　　　　　　乘坐羽车来上朝。
大夫夙退⑥，　　　　　　大夫朝毕早点退，
无使君劳。　　　　　　　莫让卫君太辛劳。

【注释】

①敖敖：身材高大的样子。

②说(shuì)：停驾休息。

③四牡：驾车的四匹雄马。有骄：即"骄骄"，健壮的样子。

④朱幩(fén)：马两旁用红绸缠绕做装饰。镳镳(biāo)：盛美的样子。

⑤翟茀(fú)：用山鸡羽毛装饰的车子。翟，长尾的野鸡。茀，古代车厢上的遮蔽物。

⑥夙退：早点退朝。

河水洋洋①，　　　　　　黄河之水浩荡荡，
北流活活②。　　　　　　哗哗奔流向北方。
施罛濊濊③，　　　　　　渔网撒开呼呼响，
鳣鲔发发④，　　　　　　鱼儿泼泼进了网，
葭菼揭揭⑤。　　　　　　芦苇菼草长势旺。
庶姜孽孽⑥，　　　　　　姜家众女着盛装，
庶士有朅⑦。　　　　　　随从庶士也雄壮。

【注释】

①河：黄河。洋洋：水茫茫的样子。

②活活:水流动的样子。

③施:设,张。罛(gū):渔网。濊濊(huò):撒网入水声。

④鳣(zhān):大鲤鱼。一说鳇鱼。鲔(wěi):鲟鱼。一说鳝鱼。发
　发(bō):亦作"泼泼",鱼盛多的样子。一说鱼尾摆动的声音。

⑤揭揭:向上扬起的样子,形容长势旺。

⑥庶:众。姜:姜姓女子。春秋时期诸侯女儿出嫁,常以姊妹或宗
　室之女从嫁。齐国姜姓,所以称"庶姜"。

⑦庶士:指随从庄姜到卫的齐国诸臣。朅(qiè):威武的样子。

氓

【题解】

　　这首诗写了一个痴情女子负心汉的古老故事。女子通过回忆,生动地叙述了和氓恋爱、结婚、受虐、被弃的过程,表达了她的悔恨和决心忘掉往事的态度。对于悲剧产生的原因,论者多数认为是古代男尊女卑的社会原因所致,这当然是对的,但还要看到个人因素。清人方玉润指出,悲剧的发生是由于"所托非人",即女子找的不是品德端正、表里如一、忠诚可靠的男人。这种说法是有道理的,可为后人借鉴。此诗故事完整,叙事性强,议论和细节描写也自然生动,把爱、恨、悔交织在一起,细腻地刻画了女子的心理活动,像一首自编自唱的哀歌,十分感人。

氓之蚩蚩①,　　　　　小伙走来笑嘻嘻,

抱布贸丝②。　　　　　抱着布币来买丝。

匪来贸丝,　　　　　　可他不是真买丝,

来即我谋③。　　　　　借此商量婚姻事。

送子涉淇④,　　　　　那天送你渡淇水,

至于顿丘⑤。	送到顿丘才告辞。
匪我愆期⑥，	非我有意误婚期，
子无良媒。	你没托媒来联系。
将子无怒⑦，	请你不要生我气，
秋以为期。	订下秋天为婚期。

【注释】

①氓(méng)：流亡的民。诗中的氓，可能是一个丧失土地流亡到卫国的人。蚩蚩：笑嘻嘻。蚩，通"嗤"。

②布：货币。《毛传》："布，币也"。《郑笺》："币者，所以贸买物也。"贸：交换，买。

③即：就，靠近。谋：商量婚事。

④子：指男子。涉：渡。淇水：水名。在今河南淇县。

⑤顿丘：地名。在今河南丰县。

⑥愆(qiān)：过期。

⑦将(qiāng)：愿，请。

乘彼垝垣①，	登上残缺破城墙，
以望复关②。	遥望复关盼情郎。
不见复关，	望穿双眼看不见，
泣涕涟涟③。	焦急伤心泪涟涟。
既见复关，	既见郎从复关来，
载笑载言④。	又说又笑乐开颜。
尔卜尔筮⑤，	你已求神又问卜，
体无咎言⑥。	卦上没有不吉言。

以尔车来，　　　　　　赶着你的马车来，
以我贿迁⑦。　　　　　　快将我的嫁妆搬。

【注释】

①垝(guǐ)垣：断墙,破颓的墙。

②复关：地名,男子的住地。

③涟涟：泪下流的样子。

④载：语助词,则,就。

⑤尔：你。卜：用龟甲卜吉凶。筮(shì)：用蓍草占吉凶。

⑥体：占卜显示的兆象。咎言：不吉之言。

⑦贿：财物。这里指嫁妆。

桑之未落，　　　　　　桑树叶子未落时，
其叶沃若①。　　　　　　嫩绿润泽又繁盛。
于嗟鸠兮②，　　　　　　小斑鸠呀小斑鸠，
无食桑葚③。　　　　　　千万莫要吃桑葚。
于嗟女兮，　　　　　　年轻姑娘听我言，
无与士耽④。　　　　　　别把男人太迷恋。
士之耽兮，　　　　　　男人如把女人恋，
犹可说也⑤。　　　　　　说甩就甩他不管。
女之耽兮，　　　　　　女人若是恋男人，
不可说也。　　　　　　就会永远记心间。

【注释】

①沃若：润泽的样子。

②于嗟:感叹词。鸠:斑鸠。

③桑葚:桑树的果实。传说斑鸠吃桑葚过多会醉。

④耽(dān):沉醉,迷恋。

⑤说:通"脱",摆脱,丢开。

桑之落矣,	看那桑树叶落时,
其黄而陨①。	枯黄憔悴任飘零。
自我徂尔②,	自从我到你家来,
三岁食贫③。	多年吃苦受贫穷。
淇水汤汤④,	淇水滔滔送我回,
渐车帷裳⑤。	溅湿我的车幔裳。
女也不爽⑥,	我做妻子没过错,
士贰其行⑦。	你的行为却两样。
士也罔极⑧,	反复无常没准则,
二三其德⑨。	前后不一少德行。

【注释】

①陨(yǔn):坠落,落下。用叶黄落下比喻女子色衰。

②徂(cú)尔:往你家,嫁与你。

③三岁:多年。三,表示多数,非实指。食贫:食物缺乏。

④汤汤(shāng):水势很大的样子。

⑤渐:浸湿。帷裳:车上的布幔。

⑥爽:差错,过失。

⑦贰:不专一。

⑧罔极:没有准则。罔,无。极,止。

⑨二三其德:三心二意。指男子道德行为有变化。

三岁为妇，	成婚多年守妇道，
靡室劳矣①。	全家事务我操劳。
夙兴夜寐②，	早起晚睡不怕苦，
靡有朝矣③。	累死累活非一朝。
言既遂矣④，	你的愿望都达到，
至于暴矣。	翻脸对我施狂暴。
兄弟不知，	兄弟不知我处境，
咥其笑矣⑥。	见我回家乐得笑。
静言思之，	仔细思考反复想，
躬自悼矣⑦。	只有独自把心伤。

【注释】

①靡室劳矣：不以家务事为劳苦。靡，不。

②夙兴夜寐：早起晚睡。

③靡有朝矣：不止某一天如此。这里是叙说婚后辛劳。

④遂：顺心。

⑤咥（xì）：笑的样子。

⑥躬：自己，自身。悼：伤心。

及尔偕老①，	当年你说"共偕老"，
老使我怨。	这样到老使我怨。
淇则有岸，	淇水虽宽有堤岸，
隰则有泮②。	沼泽虽阔有涯畔。
总角之宴③，	回忆两小无猜时，
言笑晏晏④。	说说笑笑乐得欢。

信誓旦旦⑤，	海誓山盟犹在耳，
不思其反⑥。	未料你却把心变。
反是不思，	誓言全部忘一边，
亦已焉哉⑦！	从此分开不相干。

【注释】

①及尔偕老：与你共同生活到老。

②隰（xí）：低湿的地。泮（pàn）：通"畔"，岸，水边。

③总角：束发。古时儿童把头发扎成髻。这里指童年。宴：安乐。

④晏晏：温和融洽。

⑤信誓：真诚的誓言。旦旦：诚恳的样子。

⑥不思：想不到。反：反复，变心。

⑦已焉哉：也就算了吧。已，止。焉哉，语助词。

竹竿

【题解】

　　这是一首卫国女子出嫁远离故乡、思念家乡的诗。她深情地回忆了家乡的河流，少女时出游的情景，但现在已远离了这些，只能驾车出游，以解思乡之愁了。此诗语言凝练含蓄，清新动人。

籊籊竹竿①，	钓鱼竿儿细又长，
以钓于淇。	曾经钓鱼淇水上。
岂不尔思②？	难道不把旧地想，
远莫致之③。	路途太远难还乡。

【注释】

①籊籊(tì)：竹竿长而细的样子。

②不尔思：即"不思尔"。尔，你。此指淇水。

③致：到。

泉源在左①，	泉源在那左边流，
淇水在右。	淇水就在右边流。
女子有行，	姑娘出嫁要远行，
远兄弟父母。	远离父母和弟兄。

【注释】

①泉源：水名，在朝歌之北。左：水以北为左，南为右。

淇水在右，	淇水在那右边流，
泉源在左。	泉源就在左边流。
巧笑之瑳①，	巧笑微露如玉齿，
佩玉之傩②。	佩玉叮当有节奏。

【注释】

①瑳(cuō)：玉色鲜白貌。

②傩(nuó)：行步有节奏。

淇水滺滺①，	淇水流淌水悠悠，
桧楫松舟②。	桧桨松船水上浮。
驾言出游③，	只好驾车去出游，

以写我忧④。　　　　　以解心里思乡愁。

【注释】

①滺滺(yōu)：水流的样子。

②桧楫：桧木做的船桨。

③驾言：本意是驾车，这里指操舟。言，语助词。

④写：同"泻"，宣泄。

芄兰

【题解】

对于此诗有各种解说，《毛诗序》说："《芄兰》，刺惠公也。骄而无礼，大夫刺之。"据《左传》，惠公即位时约十五六岁，《毛序》据此推测刺惠公。一说："周代统治阶级有男子早婚的习惯。这是一个成年的女子嫁给一个约十二三岁的儿童，因作此诗表示不满。"(高亨《诗经今注》)又一说："这是一首讽刺贵族少年的诗。"(程俊英《诗经注析》)朱熹则说："此诗不知所谓，不敢强解。"我们认为高说较接近诗意。

芄兰之支①，　　　　　芄兰枝上结尖荚，
童子佩觿②。　　　　　小小童子佩角锥。
虽则佩觿，　　　　　　虽然你已佩角锥，
能不我知③。　　　　　但不跟我相匹配。
容兮遂兮④，　　　　　走起路来慢悠悠，
垂带悸兮⑤。　　　　　摇摇摆摆大带垂。

【注释】

①芄(wán)兰：草名，一名萝藦，蔓生。茎顶结有尖荚，俗名羊犄角，嫩者可食。因荚与觿(xī)相似，所以用来比喻"佩觿"。

②觿：用兽骨制成的解结锥，形似羊角。本为成人所佩，童子佩戴，是成人的象征。

③能：乃，于是。

④容、遂：雍容安闲貌。

⑤悸：本为心动。这里形容带下垂、摇摆貌。

芄兰之叶，	芄兰枝上叶弯弯，
童子佩韘①。	小小童子佩戴韘。
虽则佩韘，	虽然你已佩戴韘，
能不我甲②。	但不跟我来亲近。
容兮遂兮，	走起路来慢悠悠，
垂带悸兮。	摇摇摆摆大带垂。

【注释】

①韘(shè)：用玉或骨制成的板指，戴在右手拇指上，射箭时用以勾弦拉弓。

②甲："狎"的假借字。戏，亲昵。

河广

【题解】

这是居住在卫国的宋人写的一首思乡诗。诗仅仅有两章八句，乍看似单调重复,但因诗人饱含感情,读来却情深意长,是《诗经》中一篇优美的抒情短章。《毛诗序》说:"《河广》,宋襄公母归于卫,思而不止,故作是诗也。"《郑笺》:"宋桓公夫人,卫文公之妹,生襄而出。襄公即位,夫人思宋,义不可往,故作是诗以自止。"这是说宋桓公夫人被休弃,出妇只能回娘家卫,不能归宋。后人对此说多有争论,恐不足信。

谁谓河广①?	谁说黄河宽又广?
一苇杭之②。	一条苇筏就能航。
谁谓宋远?	谁说宋国很遥远?
跂予望之③。	跂起脚跟就望见。

【注释】

①河:黄河。

②苇:用芦苇编的筏子。杭:渡。

③跂(qǐ):跂起脚跟。予:我。

谁谓河广?	谁说黄河广又宽?
曾不容刀①。	难以容纳小木船。
谁谓宋远?	谁说宋国很遥远?
曾不崇朝②。	一个早晨到对岸。

【注释】

①曾:乃。刀:通"舠(dāo)",小船。以此形容黄河水小易渡。

②崇朝:终朝,一个早晨。

伯兮

【题解】

这是一首妻子深切思念远行出征丈夫的诗。首先她赞美丈夫才智出众,是国家的人才,从夸赞中透露出对丈夫的爱。又写自己从丈夫出征后无心梳妆打扮,"首如飞蓬",因为欣赏自己的人不在身边。因思念之情太深,以至想得头疼。又因思念之苦难以忍受,希望能找到忘忧草来医治相思之苦。整首诗用层层递进的手法,写她随着丈夫的越走越远,分离的时间越来越长,思念之情也越来越深。此诗可以说是思妇诗的发端,对后世产生了很大的影响。如魏徐干的"自君之出矣,明镜暗不治"(《室思》),"君行殊不返,我饰为谁荣"(《情诗》),唐代雍裕之的"自君之出矣,宝镜为谁明"(《自君之出矣》),宋代李清照的"起来慵自梳头"(《凤凰台上忆吹箫》),都可以看到《伯兮》的影子。《毛诗序》说:"《伯兮》,刺时也。言君子行役,为王前驱,过时而不反焉。"《郑笺》:"卫宣公之时,蔡人、卫人、陈人从王伐郑伯也。为王前驱久,故家人思之。"《毛序》只言君子行役之事,而未提及女子思夫,比较片面。对于《郑笺》所说,朱熹反驳说:"郑在卫西,不得为此行也。"认为此说未足信。

伯兮朅兮①,	我的夫君真英武,
邦之桀兮②。	才智出众屈指数。
伯也执殳③,	丈二长矛拿在手,
为王前驱④。	为王出征走前头。

【注释】

①伯:古代妻子称自己的丈夫。朅(qiè):威武健壮的样子。

②桀:才能出众的人。

③殳(shū):古代兵器,竹制的竿,长一丈二尺。

④前驱:先锋。

自伯之东,	自从夫君去东征,
首如飞蓬①。	我发散乱如飞蓬。
岂无膏沐②?	难道没有润发油?
谁适为容③?	叫我为谁来美容?

【注释】

①飞蓬:形容头发如乱草。

②膏:润发油。沐:洗。

③适:悦,喜欢。

其雨其雨,	盼那大雨下一场,
杲杲出日①。	天上偏偏出太阳。
愿言思伯②,	天天我把夫君盼,
甘心首疾③。	想得头痛也心甘。

【注释】

①杲杲(gǎo):明亮的样子。

②愿言:念念不忘的样子。愿,每,常常。

③甘心:情愿。首疾:头痛。

焉得谖草①?	哪儿能找忘忧草?
言树之背。	找来种在此屋旁。

愿言思伯，　　　　　天天我把夫君想，
使我心痗②。　　　　　魂牵梦绕心悲伤。

【注释】

①谖(xuān)：又名"萱草"，古人认为此草可以使人忘忧，又叫忘
　忧草。

②痗(mèi)：病。

有狐

【题解】

　　这是一位女子担忧她在外服役的丈夫没有衣穿，内心忧愁而写的
一首诗。方玉润《诗经原始》说："妇人忧夫久役无衣也。"高亨《诗经今
注》则以为："贫苦的妇人看到剥削者穿着华贵衣裳，在水边逍遥散步，
而自己的丈夫光着身子在田野劳动，满怀忧愤，因作此诗。"

有狐绥绥①，　　　　　狐狸在那慢慢走，
在彼淇梁②。　　　　　就在淇水石桥上。
心之忧矣，　　　　　我的心里真忧愁，
之子无裳③。　　　　　你的身上没衣裳。

【注释】

①狐：狐狸。绥绥：慢走貌。

②淇：卫国水名。梁：桥梁。古代多用石造桥。

③裳：下身的衣服。

有狐绥绥，	狐狸在那慢慢走，
在彼淇厉①。	就在淇水浅滩上。
心之忧矣，	我的心里真忧愁，
之子无带②。	你没腰带不像样。

【注释】

①厉：通"濑"，指水边浅滩。

②带：束衣的带子。实指衣服。

有狐绥绥，	狐狸在那慢慢走，
在彼淇侧①。	就在淇水河岸旁。
心之忧矣，	我的心里真忧愁，
之子无服②。	你没衣服我心伤。

【注释】

①侧：水边。

②服：衣服。

木瓜

【题解】

这是一首男女青年互赠礼物表达爱情的诗。作者似乎是青年男子，他接到女子赠给的平常礼物，却用贵重的美玉来报答，但又不只为了报答，而是为了表示爱情的深沉和永久。此诗重叠反复，具有浓重的民歌色彩。《毛诗序》说："《木瓜》，美齐桓公也。卫国有狄人之败，出处于漕，齐桓公救而封之,遗之车马器服焉。卫人思之,欲厚报之而作是诗也。"方玉润《诗经原始》驳斥说:"《序》言'美齐桓公也',辞意绝不相类。岂有感人再造之恩,乃仅以果实为喻乎?""此诗非美齐桓,乃讽卫人以报齐桓也。……卫人始终并未报齐,非惟不报,且又乘齐五子之乱而伐其丧,则背德孰甚焉? 此诗之所以作也。"意思是说报答别人的再造之恩而用此微小之物,是讽刺卫国忘恩负义,没有报答齐桓公的救助之恩。此说似牵强。

投我以木瓜①,	赠给我一只木瓜,
报之以琼琚②。	我用佩玉报答她。
匪报也,	不是仅仅为报答,
永以为好也。	表明永远爱着她。

【注释】

①投:赠。木瓜:植物名,形如黄金瓜,可食可玩赏。
②报:报答,回赠。琼琚:玉名。下"琼瑶""琼玖"意同。

投我以木桃,	赠给我一个木桃,
报之以琼瑶。	我用美玉来回报。
匪报也,	不是仅仅为回报,
永以为好也!	表示永和她相好。

投我以木李,	赠给我一个木李,
报之以琼玖。	我用宝玉还报她。
匪报也,	不是仅仅为回礼,
永以为好也!	我要和她好到底。

王风

"王风"即东周王城洛邑一带的乐调。幽王丧失西周,平王东迁洛邑,周室衰微,已无力驾驭各诸侯国,但名义还是中国之王,所以称此地之诗为《王风》。其地大约为今河南洛阳、孟州、沁阳、偃师、巩义、温县一带地方。今存诗十篇,多悲怨之音,故李白有"王风何怨怒"之说。

黍离

【题解】

这是一首有感家国兴亡的诗。作者为朝廷中大臣,他行役到此地,看到故室宗庙尽变为禾黍,悲怆不已,彷徨不忍离去。可能他曾对朝政发表过意见,但不被理解,以为他有什么个人企图,所以他感叹说:"知我者,谓我心忧;不知我者,谓我何求。"现在国都已东迁洛邑,往事已不堪回首,他只能对天浩叹:"悠悠苍天,此何人哉?"苍天啊苍天! 这种状况是谁造成的呢? 这明明是因为周幽王的暴虐无道,政治腐败,才导致狄人入侵,西周覆灭。但诗人是周朝大臣,不便直说,就用反问句委婉地说出来。《毛诗序》说:"《黍离》,闵宗周(西周)也。周大夫行役,至于宗周,过故宗庙宫室,尽为禾黍,闵周室之颠覆,彷徨不忍去,而作是诗也。"较符合诗意。此诗主要特点,就是用重叠的字句,回环反复地吟唱,表现绵绵不尽的故国之思和凄怆无已之心。正如方玉润评论:"三章只换六字,而一往情深,低徊无限。此专以描摹虚神擅长,凭吊诗中绝唱也。"(《诗经原始》)此诗历代流传,影响很大,后世文人写怀古诗,也往往沿袭其音调。"黍离"一词成了人们感叹亡国触景生情常用的典故。

彼黍离离①,	看那黍子一行行,
彼稷之苗。	高粱苗儿也在长。
行迈靡靡②,	迈着步子走且停,
中心摇摇③。	心里只有忧和伤。
知我者,	知我者,
谓我心忧;	说我心忧;
不知我者,	不知者,
谓我何求。	说我有求。
悠悠苍天④,	高高在上苍天啊,
此何人哉?	何人害我离家走!

【注释】

①黍(shǔ):北方的一种农作物,形似小米,有黏性。离离:一行行的。

②靡靡(mǐ):走路缓慢的样子。

③摇摇:心神不定的样子。

④悠悠:遥远的样子。

彼黍离离,	看那黍子一行行,

彼稷之穗。　　　　　　高粱穗儿也在长。
行迈靡靡，　　　　　　迈着步子走且停，
中心如醉。　　　　　　如同喝醉酒一样。
知我者，　　　　　　　知我者，
谓我心忧；　　　　　　说我心忧；
不知我者，　　　　　　不知者，
谓我何求。　　　　　　说我有求。
悠悠苍天，　　　　　　高高在上苍天啊，
此何人哉！　　　　　　何人害我离家走！

彼黍离离，　　　　　　看那黍子一行行，
彼稷之实。　　　　　　高粱穗儿红彤彤。
行迈靡靡，　　　　　　迈着步子走且停，
中心如噎①。　　　　　心内如噎一般痛。
知我者，　　　　　　　知我者，
谓我心忧；　　　　　　说我心忧；
不知我者，　　　　　　不知者，
谓我何求。　　　　　　说我有求。
悠悠苍天，　　　　　　高高在上苍天啊，
此何人哉？　　　　　　何人害我离家走！

【注释】

①噎(yē)：堵塞。此处以食物卡在食管比喻忧深难以呼吸。

君子于役

【题解】

这首写妻子怀念远行服役丈夫的诗，是我们十分熟悉的诗篇。诗的最大特点是朴素、真实、自然。它用农村中最常见的景物来表达思念之情，合情合理，恰如其分。它如同一幅画面，把忧伤孤寂的农村少妇形象栩栩如生地展现在我们面前。史书说"春秋无义战"，此诗从一个侧面反映了那个战乱频繁而又多灾多难的时代。《君子于役》开创的日暮怀人的典型环境，对后世诗歌创作也有很大影响。后人无数的诗词歌赋都采用其手法，如三国时代曹植的《赠白马王彪》："原野何萧条，白日忽西匿。归鸟赴乔林，翩翩厉羽翼。"晋朝潘岳的《寡妇赋》："时暖暖而向昏兮，日杳杳而西匿。雀群飞而赴楹兮，鸡登栖而敛翼。"唐代李白、白居易，宋代李清照等诗人都有同样风格的诗作。清人许瑶光的《再读〈诗经〉四十二首》之十四首写道："鸡栖于桀下牛羊，饥渴萦怀对夕阳。已启唐人闺怨句，最难消遣是昏黄。"用诗句对《君子于役》作了最恰当的概括与评价。

君子于役①，	丈夫服役去远方，
不知其期，	期限长短难估量，
曷至哉②？	不知到了啥地方。
鸡栖于埘③，	鸡儿已经进了窝，
日之夕矣，	太阳也向西方落，
羊牛下来。	牛羊成群下山坡。
君子于役，	丈夫服役在远方，
如之何勿思！	叫我怎不把他想。

【注释】

①君子：妻子称呼丈夫。役：徭役或兵役。

②曷(hé)至哉：现在他到了何处呢？一说意为"什么时候回来呀？"
　曷，何。

③垛(shí)：墙洞式的鸡窝。

君子于役，　　　　　　丈夫服役去远方，

不日不月①，　　　　　没日没月恨日长，

曷其有佸②？　　　　　不知何时聚一堂。

鸡栖于桀③，　　　　　鸡儿纷纷上了架，

日之夕矣，　　　　　　太阳渐渐也西下，

羊牛下括④。　　　　　牛羊下坡回到家。

君子于役，　　　　　　丈夫服役在远方，

苟无饥渴⑤？　　　　　但愿不会饿肚肠。

【注释】

①不日不月：无日无月，指没有归期。

②佸(huó)：相会。

③桀(jié)：木桩。这里指鸡窝中供鸡栖息的横木。

④括：义同"佸"。这里指牛羊聚集在一起。

⑤苟：且，或许。

君子阳阳

【题解】

这是一篇夫邀妻一起跳舞的诗，由妻子唱出来，表现了他们那自得自乐、欢畅无比的情绪。朱子说:"此诗疑亦前篇妇人所作。盖其夫既归,不以行役为劳,而安于贫贱以自乐,其家人又识其意而深叹美之,皆可谓贤矣。"《毛序》则说:"《君子阳阳》,闵周也。君子遭乱,相招为禄仕,全身远害而已。"恐不合诗意。

君子阳阳①,	我的夫君喜洋洋,
左执簧②,	左手拿着多管簧,
右招我由房③。	右手招我跳由房。
其乐只且④。	我们乐得心花放。

【注释】

①君子:妻称夫。阳阳:喜气洋洋的样子。

②簧:一种乐器,即大笙。

③由房:演奏房中乐章所跳的舞蹈。

④只且:语尾助词。

君子陶陶①,	我的夫君乐陶陶,
左执翿②,	左手拿着羽毛摇,
右招我由敖③。	右手招我跳由敖。
其乐只且。	我们兴致多么高。

【注释】

①陶陶:和乐貌。

②翿(dào):舞师手中所持的羽毛做成的舞具,又称"纛(dào)"。

③由敖:舞名。疑即为《骜夏》。马瑞辰《毛诗传笺通释》:"敖,疑当读为《骜夏》之骜。《周官·钟师》:'奏九夏,其九为《骜夏》。'"

扬之水

【题解】

这是一首戍卒怨恨统治者长期让他们久戍不归,而思念家人,希望早日回家的诗。周平王东迁以后,楚国强大起来。不时侵犯申、吕、许这些小国。而这三国是周王室南边的屏障,他们无力抗击楚国,周平王只好征发东周的人民到这三国去守边。由于征调不均,役期遥遥,戍卒不知何时能归家与家人团聚,因而唱出了这首怨恨之歌。《毛诗序》:"《扬之水》,刺平王也。不抚其民而远屯戍于母家,周人怨思焉。"《郑笺》:"平王母家申国,在陈、郑之南,迫近强楚,王室微弱而数见侵伐,王是以戍之。"

扬之水①,	小河沟泛着浅波,
不流束薪②。	漂不走一捆柴禾。
彼其之子③,	我心中想念的人,
不与我戍申④。	没跟我一起戍守申国。
怀哉怀哉⑤!	日日夜夜思念啊,
曷月予还归哉⑥?	何年何月回故国?

【注释】

①扬:悠扬,水缓流之貌。

②不流束薪:指水小漂浮不起柴薪。束薪,捆起的薪柴。下文"束楚""束蒲"与此同义。

③彼其之子:即那个人。其,语助词。之子,是子。

④戍申:守卫申国。申是姜姓国,周平王的母舅家。在今河南南阳北。

⑤怀:思念。

⑥曷:何。予:我。

扬之水,	小河沟泛着浅波,
不流束楚①。	漂不走一捆荆禾。
彼其之子,	我心中想念的人,
不与我戍甫②。	没跟我一起戍守甫国。
怀哉怀哉!	日日夜夜思念啊,
曷月予还归哉?	何年何月回故国?

【注释】

①楚:即荆条,灌木,人多以之为柴薪。

②甫:古国名,又名“吕”,在今河南南阳西。

扬之水,	小河沟泛着浅波,
不流束蒲①。	漂不走一捆蒲禾。
彼其之子,	我心中想念的人,
不与我戍许②。	没跟我一起戍守许国。
怀哉怀哉!	日日夜夜思念啊,
曷月予还归哉?	何年何月回故国?

【注释】

①蒲:蒲柳,枝细长而柔软。

②许:国名,故地在今河南许昌东。

中谷有蓷

【题解】

　　这首诗写一位遭丈夫遗弃的妇女在荒年乱离中走投无路的悲惨处境,反映了东周时期一些下层妇女的生活状况。《毛诗序》说:"《中谷有蓷》,闵周也。夫妇日以衰薄,凶年饥馑,室家相弃尔。"朱熹《诗集传》也说:"凶年饥馑,室家相弃,妇人览物起兴,而自述其悲叹之辞也。"

中谷有蓷①,	山谷中的益母草,
暵其干矣②。	天旱无雨将枯槁。
有女仳离③,	有位女子遭遗弃,
嘅其叹矣④。	内心叹息又苦恼。
嘅其叹矣,	内心叹息又苦恼,
遇人之艰难矣⑤!	嫁人不淑受煎熬。

【注释】

①中谷:山谷之中。蓷(tuī):草名,又叫益母草。

②暵(hàn)其:即"暵暵"。暵,形容干燥、枯萎的样子。

③仳(pǐ)离:分离。

④嘅(kǎi)其:即"嘅嘅"。嘅,同"慨",叹息之貌。

⑤遇人:逢人,嫁人。

中谷有蓷,	山谷中的益母草,
暵其脩矣①。	天旱无雨将枯焦。
有女仳离,	有位女子遭遗弃,

条其啸矣^②。　　　　　　抚胸叹息又长啸。

条其啸矣，　　　　　　　　抚胸叹息又长啸，

遇人之不淑矣^③。　　　嫁人不淑多苦恼。

【注释】

①脩：干枯，败坏。

②条：深长。啸：悲啸之声。

③不淑：不善。

中谷有蓷，　　　　　　　　山谷中的益母草，

暵其湿矣^①。　　　　　天旱无雨将枯焦。

有女仳离，　　　　　　　　有位女子遭遗弃，

啜其泣矣^②。　　　　　抽噎哭泣泪不干。

啜其泣矣，　　　　　　　　抽噎哭泣泪不干，

何嗟及矣^③。　　　　　悔恨莫及空长叹。

【注释】

①湿："嘅（qī）"的假借，晒干。《广雅》："嘅，曝也。"

②啜：哽噎抽泣貌。

③何嗟及矣：同"嗟何及矣"。嗟，悲叹声。何及，言无济于事。

兔爰

【题解】

这是一首感时伤乱之作。诗人刚出生的时候还没有战乱，之后却

遇上了大变革、大动乱的时代,这给诗人造成了极大的痛苦,他希望自己能长睡不醒,无知无觉,来躲避这些灾难造成的创伤。这反映了一个战乱的时代,民众被压抑、被扭曲的心理,也可见那动乱已使民众的生存受到极大的威胁,才会产生这样消极的乐死不乐生的人生态度。《毛诗序》说:"《兔爰》,闵周也。桓王失信,诸侯皆叛,构怨连祸,王师伤败,君子不乐其生焉。"方玉润《诗经原始》说:"诗人不幸遭此乱离,不能不回忆生初犹及见西京盛世,法制虽衰,纪纲未坏,其时尚幸无事也。迨东都既迁,……而王纲愈坠,天下乃从此多故。……故不如长睡不醒之为愈耳。"都切合主旨。

有兔爰爰①,	野兔儿自由自在,
雉离于罗②。	野鸡儿落进网来。
我生之初,	我刚出生的时候,
尚无为③。	没有战乱没有灾。
我生之后,	自我出生以后,
逢此百罹④,	遭遇种种祸害,
尚寐无吪⑤。	但愿永睡不醒来。

【注释】

①爰爰(yuán):自由自在的样子。

②离:同"罹",遭遇。罗:网。

③尚:犹,还。无为:无事。此指无战乱之事。

④百罹(lí):多种忧患。

⑤尚:庶几,有希望的意思。寐:睡。无吪(é):不动。

有兔爰爰,	野兔儿自由自在,

雉离于罦①。   野鸡儿落进网来。

我生之初，   我刚出生的时候，

尚无造②。   没有徭役没有灾。

我生之后，   自我出生以后，

逢此百忧，   遭遇种种苦难，

尚寐无觉③。   但愿长睡永闭眼。

【注释】

①罦(fú)：装有机关的捕鸟兽的网。

②无造：即"无为"。

③无觉：不醒，不想看。

有兔爰爰，   野兔儿自由自在，

雉离于罿①。   野鸡儿落进网来。

我生之初，   我刚出生的时候，

尚无庸②。   没有劳役没有灾。

我生之后，   自我出生以后，

逢此百凶，   遭遇种种祸端，

尚寐无聪③。   但愿长睡听不见。

【注释】

①罿(tóng)：捕鸟网。

②无庸：无劳役。

③无聪：不想听。

葛藟

【题解】

这是一个流浪者求助不得的怨诗。春秋时代,战乱频仍,人民流离失所。这首诗的作者就是到处流浪、居无定所的人。即使他称别人为父母兄弟,乞求一点同情和救济,也不可得,反映了当时社会的冷酷无情。也有人认为此诗是一个入赘者在别人家生活,倍感孤独寂寞的悲歌。朱熹《诗集传》说:"世衰民散,有去其乡里家族而流离失所者,作此诗以自叹。言绵绵葛藟,则在河之浒矣。今乃终远兄弟而谓他人为己父,己虽谓彼为父,而彼亦不我顾,则其穷也甚矣。"说得很对。

绵绵葛藟①,	葛藤绵延长又长,
在河之浒②。	爬到河边湿地上。
终远兄弟③,	远离亲人和兄弟,
谓他人父。	面对他人叫父亲。
谓他人父,	就是喊他为父亲,
亦莫我顾④。	一点眷顾也休想。

【注释】

①绵绵:延绵不断的样子。葛藟:蔓生植物。即野葡萄。
②浒:岸边。一说岸上地。
③终:既。远:远离。
④顾:照顾,眷顾。

绵绵葛藟,	葛藤绵延长又长,

在河之涘①。	爬到河岸陆地上。
终远兄弟，	远离亲人和兄弟，
谓他人母。	面对他人喊亲娘。
谓他人母，	喊她亲娘千百遍，
亦莫我有②。	也不把我当儿郎。

【注释】

①涘(sì)：水边。

②有：相亲之意。与"友"通。

绵绵葛藟，	葛藤绵延长又长，
在河之漘①。	爬到河边湿地上。
终远兄弟，	远离亲人和兄弟，
谓他人昆②。	面对他人喊兄长。
谓他人昆，	就是每日喊兄长，
亦莫我闻③。	没有听见一个样。

【注释】

①漘(chún)：河岸。唇是口边，字从水从唇，则表示水边。

②昆：兄。

③闻：通"问"，恤问。亦有爱之意。

采葛

【题解】

这是一首思念情人的诗。有人认为是怀友诗,恐怕是不对的。古代采葛供织布,采萧供祭祀,采艾以医病,大多是女子之事,可见诗人所怀为女性。一日不见如三月、如三秋、如三岁,这样缠绵悱恻的感情一般在异性之间容易产生,同性朋友难以达到如此炽烈的程度。诗用夸张的手法描写人物的心理活动,但又使人觉得入情入理。因为经历过恋爱的人都可以体会到"一日不见,如隔三秋"的相思之苦,所以这句话也成为后世表达思念之情的常用语。

彼采葛兮①,	那个采葛的人啊,
一日不见,	一天没看见她,
如三月兮!	好像隔了三月啊!

【注释】

①采:采集。葛:葛藤,其皮可制成纤维织布。

彼采萧兮①,	那个采萧的人啊,
一日不见,	一天没看见她,
如三秋兮②!	好像隔了三秋啊!

【注释】

①萧:又名香蒿,古人祭祀时用。

②三秋:三个秋季,即九个月。此处用"秋"字,因秋天草木摇落,秋

风萧瑟,易生离情别绪,引发感慨之情。

彼采艾兮①,	那个采艾的人啊,
一日不见,	一天没看见她,
如三岁兮!	好像隔了三年啊!

【注释】

①艾:菊科植物,其叶子供药用。

大车

【题解】

这是一首爱情诗,写一个女子,热烈地爱着一个男子,想争取婚姻自由,与男子一同逃跑,但又担心男子不敢私奔,因此她发誓,即使生不能同室,死也要同穴,表示爱情的坚贞。从男子乘坐的车子及身上的服饰来看,他可能是个有身份的人,和女子不是门当户对,但双方又有爱慕之情,女子担心男子会犹豫不决,所以发下了这个决绝誓言。

大车槛槛①,	大车行走声槛槛,
毳衣如菼②。	青色毛衣像葭菼。
岂不尔思③?	难道是我不想你?
畏子不敢④。	相爱就怕你不敢。

【注释】

①大车:贵族乘坐的车子。一说牛车。槛槛(kǎn):车行声。

②毳(cuì)衣:用兽毛制成的衣服。《毛传》:"毳衣,大夫之服。"菼(tǎn):初生的芦苇,此处比喻毳衣的青白色。

③尔:你。

④子:指其所爱的男子。

大车啍啍①,	大车前行声啍啍,
毳衣如璊②。	红色毛衣色如璊。
岂不尔思?	难道是我不想你?
畏子不奔③。	怕你不跟我私奔。

【注释】

①啍啍(tūn):车行声,犹"槛槛"。

②璊(mén):赤色玉。

③奔:私奔。

穀则异室①,	活着不能在一室,
死则同穴②。	死后同埋一个坑。
谓予不信③,	我说的话你不信,
有如曒日④。	就让太阳来作证。

【注释】

①穀:活着。异室:两地分居。

②同穴:合葬在一个墓穴。

③予:我。

④有如曒(jiǎo)日:有此白日。如,此。曒,白,光明。

丘中有麻

【题解】

对此诗有三种解释:一说是思贤之诗,《毛诗序》说:"思贤也。庄王不明,贤人放逐,国人思之而作是诗也。"三家都同意此说。又说此为私奔之诗。朱熹《诗集传》说:"妇人望其所与私者而不来,故疑丘中有麻之处复有与之私而留之者,今安得其施施然而来乎?"再说为招贤偕隐诗。方玉润《诗经原始》说:"《丘中》,招贤偕隐也。""周衰,贤人放废,或越在他邦,或尚留本国,故互相招集,退处丘园以自乐。"仔细推敲诗意,看不出有思贤、招隐之意,也不能确认女子与男子私奔。有研究者认为这是一位女子叙述和情人定情过程的诗,女子请男子帮忙种麻,相互认识,后来又请男子父亲吃饭,第二年李子熟时,男子送女子佩玉,二人定情。可为一说。总之,这是一首情歌。写一位女子在山丘的隐蔽处热切地等待男子的到来,说明这是一对相爱的人。

丘中有麻①,	山坡上的麻地里,
彼留子嗟②。	等待小伙刘子嗟。
彼留子嗟,	那个小伙刘子嗟,
将其来施施③。	盼他能来帮我忙。

【注释】

①麻:一年生草本植物,皮可绩为布,子可食。

②留:姓氏,即"刘"之借字。子嗟:人名。

③将:有希望、请求之意。施施:施予,帮助。有恩惠、惠与之意。一说喜悦之意。

丘中有麦，　　　　　　　　山坡上的麦地里，
彼留子国①。　　　　　　　等待小伙刘子国。
彼留子国，　　　　　　　　那个小伙刘子国，
将其来食②。　　　　　　　盼他吃饭来我家。

【注释】

①子国：人名。诗中之"子嗟""子国""留之子"与《桑中》之所言"孟
　姜""孟弋""孟庸"同一手法。实际皆指同一人。一说"子国"为
　子嗟父。"之子"即子嗟。
②食：吃饭。

丘中有李，　　　　　　　　长满李树山坡下，
彼留之子。　　　　　　　　姓刘小伙到来啦。
彼留之子，　　　　　　　　那个刘姓小伙子，
贻我佩玖①。　　　　　　　赠我玉佩来表达。

【注释】

①佩玖：佩玉名。玖，次于玉的黑石。

郑风

郑，国名。西周宣王时，封其弟姬友于郑（即今陕西华州），即郑桓公。幽王末年，犬戎杀幽王和桓公，桓公儿子掘突继位，是为武公。国号仍称"郑"，都城在今河南新郑。《郑风》就是郑武公建国以后的诗，都是东周作品，有诗二十一篇，多言情之作。

缁衣

【题解】

这是一首赠衣诗。诗的大意是说女子赠男子"缁衣"，男子穿上很帅，女子答应以后愿永远为男子做衣。大约这位女子是贵族妇女，也可能是这位官员的妻妾。《毛诗序》说："《缁衣》，美武公也。父子并为周司徒，善于其职，国人宜之，故美其德，以明有国善善之功焉。"毛诗和三家诗都认为是赞美郑武公的，因为他们父子都做过周的卿士。方玉润认为此诗"美武公好贤也"，也未跳出武公范围。今据闻一多说，定为赠衣诗。

缁衣之宜兮①，　　　　　　黑色官服真合身啊，敝,予又改为兮②。 　　穿破了,我再给你做一身啊。

适子之馆兮③, 　　　　穿上到官衙去办事吧,

还,予授子之粲兮④。 　　你回来,我给你做好新装啊。

【注释】

①缁衣:黑色的衣。古代卿大夫所穿。宜:合适。指衣合身。

②敝:破敝。指衣服破烂。改为:另做新衣。

③适:往。馆:客舍,住所。

④还:归回。粲:鲜明。指新衣。

缁衣之好兮①, 　　　　黑色官服真好看啊,

敝,予又改造兮②。 　　穿破了,我再给你来改造啊。

适子之馆兮, 　　　　　穿上到官衙去办事吧,

还,予授子之粲兮。 　　你回来,我给你做好新装啊。

【注释】

①好:指缁衣美好。

②改造:同"改为"及下"改作"。

缁衣之蓆兮①, 　　　　黑色官服多宽松啊,

敝,予又改作兮。 　　　穿破了,我再给你来改作啊。

适子之馆兮, 　　　　　穿上到官衙去办事吧,

还,予授子之粲兮。 　　你回来,我给你做好新装啊。

【注释】

①蓆:宽大,宽松。古以宽大为美。

将仲子

【题解】

这是春秋时期郑国的一首情歌,写一位女子在旧礼教的束缚下,用婉转的方式,请求情人不要前来相会。春秋时代虽然"礼崩乐坏",但婚礼还在流行着。对男女婚姻,也规定了要通过父母之命,媒妁之言,才能正式结婚。如果"不待父母之命,媒妁之言,钻穴隙相窥,逾墙相从,则父母国人皆贱之"(《孟子·滕文公下》)。鉴于这种压力,姑娘不敢让心上人跳墙来家中幽会,只好婉言相拒。但她又深深地爱着小伙子,所以坦诚地表达了她又爱又怕、战战兢兢的心情。《毛诗序》说:"《将仲子》,刺庄公也。不胜其母以害其弟,弟叔失道而公弗制,祭仲谏而公弗听,小不忍以致大乱焉。"《郑笺》:"庄公之母,谓武姜,生庄公及弟叔段,段好勇而无礼,公不早为之所而使骄慢。"这个说法是根据《左传·隐公元年》的记载附会出来的,后人多不信从。此诗特点是用简洁的诗的语言,表达出女子既爱恋又畏惧的矛盾心理,这种委婉曲折的微妙心理,让人觉得真实而可信。

将仲子兮①,	仲子哥啊听我讲,
无窬我里②,	不要跨过里外墙,
无折我树杞。	莫把杞树来碰伤。
岂敢爱之③?	不是爱惜这些树,
畏我父母④。	是怕我的爹和娘。
仲可怀也,	无时不把哥牵挂,

父母之言，　　　　　　又怕爹娘来责骂，
亦可畏也。　　　　　　这事真叫我害怕。

【注释】

①将(qiāng)：请。仲子：男子的字，犹言"老二"。

②隃(yú)：跨越。里：五家为邻，五邻为里，里外有墙。

③爱：吝惜，舍不得。

④畏：害怕。

将仲子兮，　　　　　　仲子哥啊听我讲，
无隃我墙，　　　　　　不要翻过我家墙，
无折我树桑。　　　　　莫碰墙边种的桑。
岂敢爱之？　　　　　　不是爱惜这些树，
畏我诸兄。　　　　　　是怕兄长来阻挡。
仲可怀也，　　　　　　无时不把哥牵挂，
诸兄之言，　　　　　　又怕兄长把我骂，
亦可畏也。　　　　　　这事真叫我害怕。

将仲子兮，　　　　　　仲子哥啊听我讲，
无隃我园，　　　　　　不要登我后园墙，
无折我树檀。　　　　　莫让檀树枝干伤。
岂敢爱之？　　　　　　不是爱惜这些树，
畏人之多言。　　　　　是怕众人舌头长。
仲可怀也，　　　　　　无时不把哥牵挂，
人之多言，　　　　　　闲话也能把人杀，

亦可畏也。　　　　　　　　这事真叫我害怕。

叔于田

【题解】

这是赞美一位青年猎人的诗。这篇赞美不是从狩猎技艺上去赞美,而是以青年猎人离开住所后造成的空虚心境,来追想他平素的举止;不是用实笔写事,而是用虚笔抒怀,反复赞叹他的"美"。歌者很可能是一位倾心于青年猎人的姑娘。《毛诗序》说:"《叔于田》,刺庄公也,叔处于京,缮甲治兵,以出于田,国人说而归之。"这个说法也是根据《左传·隐公元年》的记载而来的,是说讽刺郑庄公不能管束其弟共叔段的。从诗中的赞美之辞来看,丝毫无讽刺之意。朱熹说:"或疑此亦民间男女相悦之辞也。"比较符合诗意。

叔于田①,　　　　　　　　叔去打猎出了门,

巷无居人②。　　　　　　　巷里就像没住人。

岂无居人?　　　　　　　　难道真的没住人?

不如叔也,　　　　　　　　谁都不如叔呀,

洵美且仁③。　　　　　　　他那么英俊又慈仁。

【注释】

①叔:人名。于田:去打猎。于,往。田,打猎。

②巷:居里中的小路。

③洵:信,确实。仁:指温厚,慈爱。

叔于狩①,　　　　　　　　我叔出门去打猎,

巷无饮酒② 。	巷里无人在饮酒。
岂无饮酒?	真的没人在饮酒?
不如叔也，	什么人都不如叔，
洵美且好③！	他那么英俊又清秀。

【注释】

①狩：打猎，一般指冬天打猎。

②饮酒：这里指燕饮。

③好：指品质好，性格和善。

叔适野① ，	我叔骑马去野外，
巷无服马② 。	巷里没人会骑马。
岂无服马?	真的没人会骑马?
不如叔也，	没人能够比过他，
洵美且武③！	他确实英俊力又大。

【注释】

①适：往。

②服马：乘马。

③武：英武。

大叔于田

【题解】

这篇和上篇是同一主题，都是赞美青年猎人的。所不同的是，《叔

于田》内容比较单纯,而《大叔于田》不仅篇幅较长,打猎场面更为宏大,
描写也更为细致生动。由诗句可看出,这位猎手是贵族,他善于驾驭车
马,射箭技艺精湛,敢于徒手搏虎。还有些细节的描绘,如驾马控缰、射
箭收箭、捉虎献虎、猎火熊熊等等,使人如亲临其境,使读者了解古代大
规模狩猎的场面。这种铺叙的写法,对后世辞赋的影响很大,被认为是
《长杨赋》《羽猎赋》之祖。对此诗主旨,《毛诗序》认为:"《大叔于田》,刺
庄公也。叔多才而好勇,不义而得众也。"此"叔",即指庄公的弟弟共叔
段。讽刺庄公不能管束其弟。方玉润赞同此说,他说:"案此诗与前篇
同为刺庄公纵弟游猎之作,但前篇虚写,此篇实赋;前篇私游,此篇从
猎,而愈矜其勇也。"(《诗经原始》)也有人认为这首诗是赞美郑庄公的
弟弟共叔段的。可备一说。

叔于田,	叔去打猎像出征,
乘乘马^①。	驾着四马战车向前行。
执辔如组^②,	手执缰绳如丝组,
两骖如舞^③。	骖马奔驰如飞舞。
叔在薮^④,	叔在野草繁茂处,
火烈具举^⑤。	点燃猎火焰熊熊。
襢裼暴虎^⑥,	赤膊徒步打老虎,
献于公所^⑦。	收获猎物献公府。
将叔无狃^⑧,	劝叔不要太大意,
戒其伤女^⑨!	小心猛虎伤害你。

【注释】

①乘(chéng)乘(shèng)马:前一个"乘",驾车,为动词。乘马,古代
　一车驾四马为一乘。

②辔(pèi)：马缰绳。如组：手握六条缰绳整齐如丝带。组，丝织的
　带子。

③骖：车辕两边的马。

④薮(sǒu)：低湿而多草木的地方。为野兽藏身之地。

⑤火烈：打猎时放火烧草，火焰炽烈。具举：同时烧起。

⑥襢裼(tǎn xī)：脱衣露体。襢，通"袒"。这里指赤膊上阵。暴虎：
　空手搏虎。《毛传》："暴虎，徒搏也。"

⑦公所：国君所住之地。

⑧狃(niǔ)：熟练。《毛传》："狃，习也。"此劝叔不要因为熟练而麻痹
　大意。

⑨戒：警戒。女：汝，指叔。

叔于田，　　　　　　　叔去打猎像出征，

乘乘黄①。　　　　　　驾着黄马战车向前行。

两服上襄②，　　　　　两匹服马头上扬，

两骖雁行③。　　　　　两匹骖马如雁行。

叔在薮，　　　　　　　叔在野草繁茂处，

火烈具扬。　　　　　　猎火随风更熊熊。

叔善射忌④，　　　　　叔的射艺很高明，

又良御忌⑤。　　　　　驾车技巧更出众。

抑磬控忌⑥，　　　　　时而勒住狂奔马，

抑纵送忌⑦。　　　　　时而纵马任驰骋。

【注释】

①黄：指黄马。

②两服：驾车四马，中央两匹马叫"服"。上襄：马头昂起。

③雁行：骖马比服马稍后，排列如雁飞之行列。

④忌：语尾助词。

⑤良御：善于驾车。

⑥抑：发语词，含有"忽而"之意。磬控：弯腰勒马。

⑦纵送：纵马快跑。

叔于田，　　　　　　　　叔去打猎像出征，

乘乘鸨①，　　　　　　　驾着杂色马车跑不停。

两服齐首②，　　　　　　中间服马齐头进，

两骖如手③。　　　　　　骖马如手自主行。

叔在薮，　　　　　　　　叔在野草繁茂处，

火烈具阜④。　　　　　　猎火熊熊烧得凶。

叔马慢忌，　　　　　　　叔的奔马渐渐慢，

叔发罕忌⑤。　　　　　　叔的射箭渐稀罕。

抑释掤忌⑥，　　　　　　打开箭筒放入箭，

抑鬯弓忌⑦。　　　　　　收弓装入袋里边。

【注释】

①鸨(bǎo)：黑白杂色的马。一说黑色的马。

②齐首：齐头并进。

③如手：指驾驭骖马技术娴熟，如两手左右自如。

④阜(fù)：旺盛。

⑤发罕：发箭稀少。

⑥释掤(bīng)：这里指揭开箭筒收拾箭。释，开。掤，箭筒盖子。

⑦鬯(chàng)弓：将弓放入袋子。鬯，即盛弓的袋子，这里作动词。
　　指用袋子盛。

清人

【题解】

这首诗是讽刺郑国驻扎在清邑的部队及其统帅高克的。郑国大夫高克好利而不顾其君,郑文公厌恶他。公元前660年12月,狄人入侵卫国,郑文公遂令高克率领清邑之兵驻扎在黄河北岸防御。过了很长时间,文公也不调军队回来。清邑之师滞留边境,无所事事,玩乐遨游,军纪败坏,终于溃散。高克奔逃陈国避难。郑国诗人因赋此诗。《左传·闵公二年》说:"郑人恶高克,使帅师次于河上,久而弗召。师溃而归,高克奔陈。郑人为之赋《清人》。"这就是关于《清人》篇最早的记载。

清人在彭①,　　　　　　　清邑军队驻彭城,
驷介旁旁②。　　　　　　　驷马披甲真威风。
二矛重英③,　　　　　　　两矛装饰重璎珞,
河上乎翱翔④。　　　　　　黄河边上似闲庭。

【注释】

①清人:清邑之人。这里指高克及其所率领的士兵。清邑,卫国邑名。彭:与下文"消""轴"皆地名,都在黄河边上。

②驷介:披甲的四匹马。介,甲。旁旁:同"彭彭",马强壮有力貌。或以为行走、奔跑貌。

③二矛:插在车子两边的矛。重:重叠。英:矛上的缨饰。

④翱翔:闲散无事,驾着战车游逛。与下文的"逍遥"同。

清人在消,　　　　　　　清邑军队驻在消,
驷介麃麃①。　　　　　　　驷马披甲威又骄。

二矛重乔^②，　　　　　　　两矛装饰野鸡毛，
河上乎逍遥。　　　　　　　　黄河边上自逍遥。

【注释】

①麃麃(biāo)：雄健威武貌。

②乔：矛上装饰的野鸡羽毛。

清人在轴，　　　　　　　　　清邑军队驻在轴，
驷介陶陶^①。　　　　　　　　驷马披甲任疾跑。
左旋右抽^②，　　　　　　　　左转身子右拔刀，
中军作好^③。　　　　　　　　军中好像准备好。

【注释】

①陶陶：和乐貌。一说马疾驰之貌。

②左旋：向左边旋转。右抽：右手抽兵器。

③中军：即"军中"。作好：做好表面工作。指装样子，不是真要抗
　拒敌人。

羔裘

【题解】

　　这是一首赞美郑国一位正直官吏的诗。首章赞美其忠于职守，二
章赞美其勇武正直，三章赞美其才能出众。且连用三个"兮"字，加强了
诗的感情色彩。《左传·昭公十六年》：郑六卿饯韩宣子(名起)于郊，
"子产赋郑之《羔裘》，宣子曰：'起不堪也。'"韩宣子对这样的评价辞不

敢当,可见此诗是赞美优秀官吏的。旧说这是讽刺郑国朝廷无贤臣的。《毛诗序》:"《羔裘》,刺朝也。言古之君子以风其朝也。"《郑笺》:"郑自庄公而贤者陵迟,朝无忠正之臣,故刺之。"从诗的内容看,看不出讽刺意味。

羔裘如濡①,　　　　　穿着润泽羔皮袄,
洵直且侯②。　　　　　为人正直又美好。
彼其之子,　　　　　　就是这样一个人,
舍命不渝③。　　　　　不怕牺牲为君劳。

【注释】

①羔裘:羊羔皮制的皮袄。濡:润泽。形容羔裘柔软有光泽。

②洵:确实。直:正直。侯:美。

③舍命:舍弃生命。不渝:不变。

羔裘豹饰①,　　　　　穿着豹饰羔皮袍,
孔武有力②。　　　　　高大有力为人豪。
彼其之子,　　　　　　就是这样一个人,
邦之司直③。　　　　　国家司直当得好。

【注释】

①豹饰:用豹皮装饰羔裘的边袖。

②孔武:特别勇武。孔,甚。

③司直:主持正直。古有司直之官。

羔裘晏兮^①，　　　　　羊羔皮袄真光鲜啊，
三英粲兮。　　　　　　　素丝装饰更灿烂啊。
彼其之子，　　　　　　　就是这样一个人，
邦之彦兮^②。　　　　　国家杰出的人选啊。

【注释】

①晏：鲜艳或鲜明的样子。

②彦（yàn）：美士。指贤能之人。

遵大路

【题解】

关于此诗，历来有多种说法。《毛诗序》说："《遵大路》，思君子也。庄公失道，君子去之，国人思望焉。"意思是说郑国人思念贤人的。朱熹《诗集传》说："淫妇为人所弃，故于其去也，揽其袪而留之曰：'子无恶我而不留，故旧不可以遽绝也。'宋玉赋有'遵大路兮揽子袪'之句，亦男女相说之词也。"朱熹把遭弃的妇女说成"淫妇"，这是封建道学家的观念。我们认为这是遭遗弃妇女唱的一首哀歌。诗的语言自然流畅，朴实无华。读此诗，仿佛看到她苦苦哀求的样子，引起我们深深地同情。

遵大路兮^①，　　　　　沿着大路跟你走啊，
掺执子之袪兮^②，　　　双手拽住你衣袖啊。
无我恶兮^③，　　　　　千万不要讨厌我啊，
不寁故也^④。　　　　　别忘故情把我丢啊。

【注释】

①遵：沿着。

②掺(shǎn)：拉住，抓住。袪(qū)：衣袖。

③无我恶：不要以我为恶(丑)。一说"恶"意为"讨厌"。

④褱(zǎn)：去。即丢弃、忘记的意思。故：故旧，旧情。

遵大路兮，	沿着大路跟你走啊，
掺执子之手兮。	紧紧握住你的手啊。
无我魗兮①，	千万别嫌我长得丑啊，
不褱好也。	别忘多年相好把我丢啊。

【注释】

①无我魗：不要以我为丑。魗，同"丑"。

女曰鸡鸣

【题解】

此诗通过夫妻对话的形式，表现了和睦的家庭生活以及夫妻间真挚的爱情。从这些生动的对话中，我们看到了一幅静谧乡野优美的晨景，也看到了古代一个恩爱和谐的小家庭。诗中除夫妇二人对话，还有诗人旁白，使整首诗如同一幕短剧，读者会感到生动逼真，情趣盎然。方玉润《诗经原始》说："此诗人述贤夫妇相警戒之辞。"称"贤夫妇"很对，但看不出"相警戒之辞"。闻一多说："《女曰鸡鸣》，乐新婚也。"(《风诗类钞》)有一定道理。即使不是新婚，也写的是年轻夫妻的家庭生活。

女曰："鸡鸣。"	女子说："鸡已叫了。"

士曰:"昧旦①。"　　　　　男子说:"天快亮了。"
"子兴视夜②,　　　　　　"你快起来看天空,
明星有烂③。"　　　　　　启明星儿亮晶晶。"
"将翱将翔,　　　　　　　"鸟儿空中正飞翔,
弋凫与雁④。"　　　　　　射点鸭雁给你尝。"

【注释】

①昧旦:黎明时分。

②兴:起来。

③有烂:即"烂烂",明亮的样子。

④弋(yì):古代用生丝做线,系在箭上射鸟,叫作"弋"。

"弋言加之①,　　　　　　"射中鸭雁拿回家,
与子宜之②。　　　　　　做成菜肴味道香。
宜言饮酒,　　　　　　　就着美味来饮酒,
与子偕老。　　　　　　　恩爱生活百年长。
琴瑟在御③,　　　　　　你弹琴来我鼓瑟,
莫不静好④。"　　　　　　夫妻安好心欢畅。"

【注释】

①加:射中。

②宜:据《尔雅》:"肴也。"即菜肴,此处作动词用,指烹调菜肴。

③御:用。此处是弹奏的意思。古代常用琴瑟的合奏象征夫妇同
　心和好。

④静好:安好。

"知子之来之^①，　　　　　"知你对我真关怀，
杂佩以赠之^②。　　　　　　送你杂佩表我爱。
知子之顺之^③，　　　　　　知你对我多温柔，
杂佩以问之^④。　　　　　　送你杂佩表我情。
知子之好之，　　　　　　　知你对我情义深，
杂佩以报之^⑤。"　　　　　　送你杂佩表我心。"

【注释】

①来：关怀。

②杂佩：用多种珠玉做成的佩饰。

③顺：柔顺。

④问：赠送。

⑤报：赠物报答。

有女同车

【题解】

　　这是一首贵族男女的恋歌。此诗主要描写与男子共同乘车的姑娘外表和内在的美，女子可能是男子正在迎娶的新娘，从美丽的容颜、轻盈的体态、娴雅的举止、精致的佩饰、美好的声誉，活画出一位出众的美女形象。《神女赋》"婉若游龙乘云翔"，《洛神赋》"若将飞而未翔"，"翩若惊鸿"等名句，似皆从此脱化而出。《毛诗序》说："《有女同车》，刺忽也。郑人刺忽之不昏于齐。"忽，即郑昭公，他拒绝娶齐侯的女儿文姜，失去与大国联姻的机会，致使孤立无援，最后被其弟发动政变夺了君位。从诗的内容，看不出和忽有什么关系，因此不采纳此说。

有女同车^①，　　　　　姑娘和我同乘车，
颜如舜华^②。　　　　　容貌就像花一样。
将翱将翔^③，　　　　　体态轻盈如飞鸟，
佩玉琼琚^④。　　　　　珍贵佩玉泛光芒。
彼美孟姜^⑤，　　　　　她是美丽姜姑娘，
洵美且都^⑥。　　　　　举止娴雅又大方。

【注释】

①同车:同乘一车。

②舜华:木槿花。今名牵牛花。

③翱、翔:飞翔。形容女子步履轻盈。一说遨游徘徊。

④琼琚:指珍美的佩玉。

⑤孟姜:姜姓长女。美人的代称,非实指。

⑥都:娴雅,美。

有女同行，　　　　　　姑娘和我同路行，
颜如舜英^①。　　　　　容颜就像木槿花。
将翱将翔，　　　　　　体态轻盈像鸟翔，
佩玉将将^②。　　　　　佩玉锵锵悦耳响。
彼美孟姜，　　　　　　美丽姑娘她姓姜，
德音不忘^③。　　　　　美好声誉人难忘。

【注释】

①英:花。

②将将:即"锵锵",佩玉相碰的声音。

③德音:美好声誉。

山有扶苏

【题解】

　　这是一首男女恋爱时女子戏谑男子的诗。女子说:我本来要找个美男子,结果却结识了你这个傻瓜蛋。戏谑中含着深情,被谑者不仅不恼,还感到愉快幸福,这正是男女之情不可言传处,也是在我们身边常发生的事。正如高亨说:"此乃女子戏弄她的恋人的短歌,笑骂之中含蕴着爱。"《毛诗序》说:"《山有扶苏》,刺忽也。所美非美然。"《郑笺》:"言忽所美之人实非美。"方玉润《诗经原始》认为"《小序》谓'刺忽',无据"。确实,诗中看不到丝毫刺忽的影子。

山有扶苏①,　　　　　　　山上扶苏枝茂盛,
隰有荷华②。　　　　　　　湿地荷花粉又红。
不见子都③,　　　　　　　看到的不是美男子,
乃见狂且④!　　　　　　　却是你这小子傻又疯。

【注释】

①扶苏:木名,又名朴樕。
②隰(xí):下湿曰"隰",即泽地。荷华:即莲花。
③子都:郑国美男子。《孟子》:"至于子都,天下莫不知其姣者也。"后成为美男子的通称。
④狂且(jū):狂行拙钝,疯癫愚蠢。

山有乔松①,　　　　　　　山上长着高大的松,

隰有游龙②。	湿地马蓼开花红。
不见子充③,	看到的不是美男子,
乃见狡童④。	却是你这滑头小狡童。

【注释】

①乔松:高大的松树。乔,高。

②游龙:草名。一名马蓼。

③子充:与"子都"同为美男子的通称。

④狡童:犹"狂童"。

萚兮

【题解】

这是一首男女唱和的诗。女子先唱,然后男子接着合唱,犹如现在少数民族青年男女的对歌。由于此诗非常简洁短小,歧说也非常之多。有认为这是大臣相约以谋国难之诗,有以为是大夫倡乱谋篡相互响应之作,又以此为避祸逃难或及时行乐的诗,还有以此为淫诗。此皆捕风捉影之说,毫无根据。

萚兮萚兮①,	落叶落叶啊往下掉,
风其吹女②。	秋风吹你轻轻飘。
叔兮伯兮,	诸位欢聚的小伙子啊,
倡予和女③。	我先唱啊你和调。

【注释】

①萚(tuó):落叶。

②女：你，指树叶。
③倡：同"唱"。和：和唱，伴唱。

萚兮萚兮，	落叶落叶啊往下掉，
风其漂女①。	秋风吹你轻轻飘。
叔兮伯兮，	诸位欢快小伙子啊，
倡予要女②。	我先唱啊你和调。

【注释】

①漂：同"飘"，吹动。
②要：相约。

狡童

【题解】

　　这是一首热烈的情歌。一个姑娘爱上一个英俊的小伙子，她直率而大胆地向他表达了爱慕和追求之情。也有人认为是一首表现夫妻或情人间发生情感风波的诗作，男女主人公闹别扭，女人为此吃不下、睡不着，说明二人依然是有感情的，可能不久就会和好。这是生活中经常发生的事。还有人认为这是一首女子失恋的诗歌。

彼狡童兮①，	那个可爱的小伙子啊，
不与我言兮。	为何不和我说话啊？
维子之故②，	因为你的缘故，
使我不能餐兮。	使我饭都吃不下啊。

【注释】

①狡:通"姣",美好。一说为"狡猾",如口语说"滑头"之类,是戏谑
　　之言。

②维:为。

彼狡童兮,	那个可爱的小伙子啊,
不与我食兮。	为何不与我共餐啊。
维子之故,	因为你的缘故,
使我不能息兮①。	使我觉都睡不安啊。

【注释】

①息:寝息。

褰裳

【题解】

　　这是一首女子戏谑情人的情诗。诗中女主人公虽用责备的口气指
责男子的感情不够热烈,实则表现出女子对男子感情的真诚、执着和热
烈,而且表达得大方、自然而又朴实巧妙,正如郑振铎所说:"写得很倩
巧,很婉秀,别饶一种媚态,一种美趣。"(《插图本中国文学史》)此诗以
独白的方式铺陈其事,叙事中又有抒情,又含笑谑,迂回曲折,跌宕多
姿,表达其微妙的内心情感。

子惠思我①,	你若爱我想念我,
褰裳涉溱②。	赶快提起衣裳蹚过溱水河。

子不我思③,	你若不再想念我,
岂无他人?	难道没有别人来找我?
狂童之狂也且④!	你这个傻里傻气的傻哥哥!

【注释】

①惠:爱。

②褰(qiān):提起。裳:裙衣。溱(zhēn):郑国河名。

③不我思:即"不思我"。

④童:愚昧。且(jū):语气词。

子惠思我,	你若爱我想念我,
褰裳涉洧①。	赶快提起衣裳蹚过洧水河。
子不我思,	你若不再想念我,
岂无他士?	难道没有别的少年哥?
狂童之狂也且!	你这个傻里傻气的傻哥哥!

【注释】

①洧(wěi):郑国河名。

丰

【题解】

这是一首女子后悔没有和未婚夫结婚的诗。可能女子临嫁时突遭变故,以致未能成婚。她很苦恼后悔,希望那男子再来亲迎。方玉润则认为此诗是"悔仕进不以礼也","世道衰微,贤人君子隐处不仕。朝廷

初或以礼往聘,不肯速行,后被敦迫,驾车就道。不能自主,发愤成吟",
"不敢显言贾祸,故借昏女为辞"(《诗经原始》)。但从内容看,还是讲的
男女婚姻之事。

　　子之丰兮①,　　　　　　难忘你人物好丰采,
　　俟我乎巷兮②。　　　　　你曾在巷中久等待。
　　悔予不送兮③。　　　　　没跟你走悔不该。

【注释】

①丰:丰满、容颜美好貌。

②俟:待,等候。巷:《毛传》:"巷,门外也。"一说里中道,即今所谓
　的胡同。

③予:我,此处当是指"我家"。送:送女出嫁。将女儿交给来亲迎
　的女婿同往夫家。

　　子之昌兮①,　　　　　　难忘你健美好身材,
　　俟我乎堂兮②,　　　　　你曾在堂中久等待,
　　悔予不将兮③。　　　　　没和你同去悔不该。

【注释】

①昌:体魄健美。

②堂:客堂,厅堂。

③将:送。一说顺从、随行之意。

　　衣锦褧衣①,　　　　　　锦缎衣服身上穿,

裳锦褧裳。　　　　　　外面罩着锦绣衫。
叔兮伯兮②，　　　　　　叔呀伯呀赶快来，
驾予与行③！　　　　　　驾车接我同回还。

【注释】

①衣锦褧(jiǒng)衣：锦褧衣，古代女子出嫁时穿的锦缎制的罩衣。句首"衣"字与下句首"裳"字，都是动词。

②叔、伯：指男方来迎亲的人。《毛传》："叔、伯，迎己者。"

③驾：驾车。古时结婚有亲迎礼，男子驾车至女家，亲自迎接女子上车，一起回夫家。这是女子呼男子为己备车。

裳锦褧裳，　　　　　　外面罩着锦绣衫，
衣锦褧衣。　　　　　　锦缎衣服里面穿。
叔兮伯兮，　　　　　　叔呀伯呀赶快来，
驾予与归①。　　　　　　驾车接我同归还！

【注释】

①归：指嫁归于男子之家。

东门之墠

【题解】

这是一首男女唱和的恋歌。诗共两章，上章为男子唱，下章为女子对答。《毛诗序》说："《东门之墠》，刺乱也。男女有不待礼而相奔者也。"《郑笺》："此女欲奔男之辞。"仔细推敲诗意，并无淫奔之意，而如王先谦

《诗三家义集疏》所说:"言我岂不思为尔室家,但子不来就我,以礼相近,则我无由得往耳。"这位女子还是比较矜持的,也是希望以礼相见的。此诗虽短短两章,但有情有景,有怨有慕,我们仿佛看到女家那宽敞的东门外广场,山坡上生长的茜草,还有在栗树边上和睦一家人的屋舍。

东门之墠①,	东门外面多宽敞,
茹藘在阪②。	茜草生长山坡上。
其室则迩③,	你家离我这么近,
其人甚远。	人儿仿佛在远方。

【注释】

①东门:指城东门。墠(shàn):平坦之地。

②茹藘(lǘ):又名茜草、牛蔓。根色黄赤,可以做红色染料。阪:土坡。

③迩:近。

东门之栗①,	东门城外栗树下,
有践家室②。	那里有家好人家。
岂不尔思?	难道我不思念你?
子不我即③。	你不找我实在傻。

【注释】

①栗:栗树。

②践:善。《韩诗》作"靖",训"宁静"。

③即:就,接近。

风雨

【题解】

这是写妻子和久别丈夫重逢的诗。诗人用即景抒情的手法，表达了妻子见到丈夫时那种喜出望外的无比喜悦之情。它采用了《诗经》常用的一唱三叹、反复吟咏的形式，但这吟咏不是简单的重复，而是达情更为充分，诗味更加深长。如"风雨凄凄""风雨潇潇""风雨如晦"，不仅描绘了寒凉阴暗的天气状况，也衬托出人物心情的变化。"云胡不夷""云胡不瘳""云胡不喜"三句，表现了从心绪烦乱不平，到想念几乎致病，以至失望愁苦，到欢喜无限的心路历程，语句简略而意蕴无穷。《毛诗序》说："《风雨》，思君子也。乱世则思君子不改其度焉。"《郑笺》："兴者，喻君子虽居乱世，不变改其节度。……鸡不为如晦而止不鸣。"这样来看，"风雨"就不是只指天气，而是成为乱世的象征，"鸡鸣"就象征君子不改其度。《序》的解释只说对了一半，即"思君子"，而"不改其度"则是曲解诗意。但这一理解对后世影响却很大，"风雨"之句也成为后人经常使用的名句。很多文人用处"风雨如晦"之境，仍要"鸡鸣不已"来自我激励。

风雨凄凄①，	风雨交加冷凄凄，
鸡鸣喈喈②。	鸡儿寻伴鸣叽叽。
既见君子，	终于看见丈夫归，
云胡不夷③？	烦乱思绪怎不息？

【注释】

①凄凄：寒凉。

②喈喈（jiē）：鸡呼伴的叫声。

③云：语助词。胡：怎么，为什么。夷：平。此指心情从焦虑到
　平静。

风雨潇潇①，　　　　　　风狂雨骤声潇潇，
鸡鸣胶胶②。　　　　　　鸡儿寻伴声胶胶。
既见君子，　　　　　　　终于看见丈夫归，
云胡不瘳③？　　　　　　相思之病怎不消？

【注释】

①潇潇：形容风急雨骤。

②胶胶：鸡呼伴的叫声。

③瘳（chōu）：病愈。

风雨如晦①，　　　　　　风雨连连天昏濛，
鸡鸣不已。　　　　　　　鸡儿报晓鸣不停。
既见君子，　　　　　　　终于看见丈夫归，
云胡不喜？　　　　　　　心里怎能不高兴？

【注释】

①晦：昏暗。

子衿

【题解】

这是一首女子唱的恋歌。歌者热恋着一位青年，他们相约在城阙

见面。但久等不至,女子望眼欲穿,焦急地来回走动,埋怨情人不来赴约。更怪他不捎信来,于是唱出"一日不见,如三月兮"的无限情思。《毛诗序》说:"《子衿》,刺学校废也。乱世则学校不修焉。"但诗中看不出"学校废"的迹象,可见《毛序》只据"青衿"一词曲解了此诗。但这一解释影响很大,后来"青衿"就成了读书人的代称。

青青子衿①,	衣领青青好青年,
悠悠我心②。	我心悠悠总思念。
纵我不往,	纵然我没去找你,
子宁不嗣音③?	怎不给我把信传?

【注释】

①青衿(jīn):古代学生穿的服装。衿,衣领。

②悠悠:忧思不断的样子。

③嗣音:寄音讯。嗣,通"贻",寄。

青青子佩,	佩带青青好青年,
悠悠我思。	我心无时不思念。
纵我不往,	纵然我没去找你,
子宁不来?	怎不和我来相见?

挑兮达兮①,	走来走去多少趟,
在城阙兮②。	城门楼上久张望。
一日不见,	一天没和你见面,
如三月兮。	好像三月那样长。

【注释】

①挑、达：来回走动的样子。挑，也作"佻"。

②城阙：城门楼。

扬之水

【题解】

这首诗的主题颇难确解。有认为是写夫妻离别之际，丈夫嘱咐妻子的诗。闻一多《风诗类钞》说"将与妻别，临行慰勉之词也"。方玉润认为是兄弟二人相互劝勉的诗，《诗经原始》说："此诗不过兄弟相疑，始因谗间，继乃悔悟，不觉愈加亲爱，遂相劝勉。"朱熹《诗集传》说："淫者相谓。"即男女相诫不听信谗言。我们认为闻一多所解更切合诗意。

扬之水①，　　　　　　小河流水细又弯，

不流束楚②。　　　　　一捆荆条能搁浅。

终鲜兄弟③，　　　　　家里本来少兄弟，

维予与女。　　　　　　只有你我相依伴。

无信人之言，　　　　　不要轻信别人言，

人实迁女④。　　　　　他们实想把你骗。

【注释】

①扬之水：小水沟。

②束楚：一捆荆条。

③终：既。鲜：少。

④迁：通"诳"，欺骗。

扬之水，　　　　　　　　　小河流水细悠悠，
不流束薪。　　　　　　　　　一捆柴薪漂不走。
终鲜兄弟，　　　　　　　　　家里本来兄弟少，
维予二人。　　　　　　　　　只我二人相依靠。
无信人之言，　　　　　　　　不要轻信别人言，
人实不信①。　　　　　　　　他们实在信不着。

【注释】

①不信：不可信。

出其东门

【题解】

　　这是一位男子表示对爱恋对象（一说指他的妻子）专一不二的诗。朱熹对此诗作者的专一态度十分赞赏，他说："人见淫奔之女而作此诗。以为此女虽美且众，而非我思之所存，不如己之室家，虽贫且陋，而聊可自乐也。是时淫风大行，而其间乃有如此之人，亦可谓能自好而不为习俗所移矣。"（《诗集传》）还进一步评价说："此诗却是个识道理人作，郑诗虽淫乱，此诗却如此好。"（《朱子语类》）有著者说朱熹"斥此诗为淫奔"，理解有误。这首诗朴素无华，明白如话。颂扬了对待爱情的正确态度，对那些喜新厌旧，见异思迁的人也是曲折婉转的批评。

出其东门①，　　　　　　　　出了城东门，
有女如云②。　　　　　　　　女子多如云。
虽则如云，　　　　　　　　　虽然多如云，

匪我思存③。　　　　　不是我心上人。

缟衣綦巾④，　　　　　身着白衣绿裙人，

聊乐我员⑤。　　　　　才让我快乐又亲近。

【注释】

①东门：是郑国游人云集的地方。

②如云：比喻女子众多。

③思存：思念。

④缟（gǎo）：白色。綦（qí）：苍艾色。巾：头巾，一说围裙。此为贫
　家女服饰。

⑤聊：且。员：友，亲爱。一说语助词。此句《韩诗》作"聊乐我魂"，
　魂，精神。可参看。

出其闉阇①，　　　　　出了外城门，

有女如荼②。　　　　　女子多如花。

虽则如荼，　　　　　虽然多如花，

匪我思且③。　　　　　不是我爱的人。

缟衣茹藘④，　　　　　身着白衣红佩巾，

聊可与娱。　　　　　才让我喜爱又欢欣。

【注释】

①闉阇（yīn dū）：城门外的护门小城，即瓮城门。

②荼（tú）：白茅花。这里用来比喻女子众多。

③思且（jū）：思念，向往。且，"徂"之假借，和"存"同义。一说语
　助词。

④茹藘（lú）：茜草，可作红色染料。此指红色佩巾。

野有蔓草

【题解】

这是一首轻快的情歌。在一个露珠未干的早上，一对男女青年在田间路上不期而遇。也许他们早就心心相印，也许这是第一次相见，但他们相互倾心，欣喜之情难以抑制，于是就产生了这首清新别致的情歌。《毛诗序》说："《野有蔓草》，思遇时也。君之泽不下流，民穷于兵革，男女失时，思不期而遇焉。"《郑笺》："蔓草而有露，谓仲春之时，草始生，霜为露也。《周礼》：仲春之月，令会男女之无夫家者。"指出了时间和背景。春秋时期，战争频繁，人口减少，为了增加人口，统治者允许大龄未婚男女在仲春相会。欧阳修《诗本义》说："男女昏聚失时，邂逅相遇于野草之间。"准确地指出此诗主旨。

野有蔓草①，	野草蔓蔓连成片，
零露湑兮②。	草上露珠亮闪闪。
有美一人，	有位美女路上走，
清扬婉兮③。	眉清目秀美又艳。
邂逅相遇④，	不期相遇真正巧，
适我愿兮⑤。	正好适合我心愿。

【注释】

①蔓草：蔓延的草。

②零：降落。湑(tuán)：露水多的样子。

③清扬：眉清目秀的样子。婉：美好。

④邂逅：不期而遇。

⑤适：适合。

野有蔓草，	野草蔓蔓连成片，
零露瀼瀼①。	草上露珠大又圆。
有美一人，	有位美女路上走，
婉如清扬。	眉清目秀美容颜。
邂逅相遇，	不期相遇真正巧，
与子偕臧②。	与她幽会两心欢。

【注释】

①瀼瀼(ráng)：露水多的样子。

②偕臧：一同藏起来。臧，同"藏"。

溱洧

【题解】

　　这是描写郑国三月上巳日青年男女在溱水和洧水岸边游春的诗。当时的风俗，三月上巳日这天，人们要在东流水中洗去宿垢，祓除不祥，祈求幸福和安宁。男女青年也借此机会互诉心曲，表达爱情。此诗就再现了当时的热烈场面。王先谦《诗三家义集疏》："韩诗曰:《溱与洧》，说人也。郑国之俗，三月上巳之日于两水上，招魂续魄，拂除不祥，故诗人愿与所说者同往观也。"此诗就描写了这一节日的盛况。

溱与洧①，	溱水洧水长又长，
方涣涣兮②。	河水流淌向远方。
士与女③，	男男女女城外游，

方秉蕳兮④。	手拿蕳草求吉祥。
女曰："观乎?"	姑娘说："咱们去看看。"
士曰："既且⑤。"	小伙说："我已去一趟。"
"且往观乎?"	"再去一趟又何妨?"
洧之外,	洧水边,河岸旁,
洵讦且乐⑥。	地方热闹又宽敞。
维士与女,	男女结伴一起逛,
伊其相谑⑦,	相互戏谑喜洋洋,
赠之以勺药。	赠朵芍药毋相忘。

【注释】

①溱、洧:郑国两条河名。

②涣涣:水流盛大貌。

③士与女:指春游的男男女女。下句的"女""士",指某个女子和男子。

④方:正。秉:执,拿。蕳(jiān):一种香草。

⑤既且:已经去了。且,"徂"的假借,去,往。

⑥洵讦(xún xū):实在宽广。洵,实在。讦,大。

⑦伊:语助词。相谑:相互调笑。

溱与洧,	溱水洧水长又长,
浏其清矣①。	河水洋洋真清亮。
士与女,	男男女女城外游,
殷其盈矣②。	游人如织闹嚷嚷。
女曰："观乎?"	姑娘说："咱们去看看。"

士曰:"既且。"　　　　　　　小伙说:"我已去一趟。"
"且往观乎?"　　　　　　　　"再去一趟又何妨?"
洧之外,　　　　　　　　　　洧水边,河岸旁,
洵訏且乐。　　　　　　　　　地方热闹又宽敞。
维士与女,　　　　　　　　　男女结伴一起逛,
伊其将谑,　　　　　　　　　相互嬉戏喜洋洋,
赠之以勺药。　　　　　　　　赠朵芍药表情长。

【注释】
①浏:水清亮。
②殷:众多。盈:满。

齐风

"齐风"是齐国的诗歌。齐国国土在今山东淄博一带。周武王灭商后,封功臣姜太公于齐,都于营丘(即今临淄)。其地濒临大海,通鱼盐之利,所以"其俗弥侈"。其诗也有舒缓、清绮之风。齐地又面山,民多狩猎,有尚武精神,诗中也有这方面的内容。还有婚姻恋爱及反映士大夫家庭生活方面的诗。故季札论乐,谓齐风"泱泱乎,大风也哉"。《乐记》也云:"温良而能断者宜歌齐。"今存诗十一篇。

鸡鸣

【题解】

这是一首妻子催促丈夫早起上朝的诗。全诗以对话形式展开,创意新颖,构思巧妙,好像一出小品,活画出一个贪恋床衾的官吏形象。这样的懒官怎能治理好国家!

"鸡既鸣矣,	"你听公鸡已叫鸣,
朝既盈矣①。"	大臣都已去朝廷。"
"匪鸡则鸣②,	"不是公鸡在叫鸣,

苍蝇之声。"　　　　　　　　是那苍蝇嗡嗡声。"

【注释】

①盈：满。此指大臣上朝。

②匪：同"非"，不是。

"东方明矣，　　　　　　　　"你看东方现光明，
朝既昌矣①。"　　　　　　　　朝会大臣已满廷。"
"匪东方则明，　　　　　　　　"不是东方现光明，
月出之光。"　　　　　　　　　那是月光闪盈盈。"

【注释】

①昌：盛。仍指朝堂人多。

"虫飞薨薨①，　　　　　　　　"你听虫飞声嗡嗡，
甘与子同梦。"　　　　　　　　甘愿与你同入梦。"
"会且归矣，　　　　　　　　　"朝会大臣要回家，
无庶予子憎②。"　　　　　　　千万别说你坏话。"

【注释】

①薨薨(hōng)：虫飞声。

②无庶予子憎：这句话的意思是，希望不要招来别人对你的憎恨。

　无庶，"庶无"的倒文，希望之意。憎，憎恶，讨厌。

还

【题解】

这是一首猎人互相赞美的歌。齐地多山,民好狩猎,故对好猎手颇为赞许。此诗每章第一句四言,第二句七言,后两句六言,每句后都用"兮"字结尾,读起来轻快爽利,犹如猎人矫健的身手。方玉润《诗经原始》引章潢评论说:"'子之还兮',己誉人也;'谓我儇兮',人誉己也;'并驱',则人己皆与有能也。"又说:"寥寥数语,自具分合变化之妙。猎固便捷,诗也轻利,神乎技矣。"

子之还兮[1],　　　　　　　　你的猎技真优秀啊,
遭我乎猫之间兮[2]。　　　　　和我相遇猫山谷啊。
并驱从两肩兮[3],　　　　　　并马追赶两头猪啊。
揖我谓我儇兮[4]。　　　　　　作揖夸我好身手啊。

【注释】

[1]还:敏捷,灵便。
[2]遭:遇见。乎:于。猫(náo):山名,在齐国临淄县南。
[3]并驱:并马驰驱。从:追逐。肩:通"豜(jiān)",三岁豕,这里泛指大兽。
[4]揖:拱手作揖行礼。儇(xuān):轻便敏捷。

子之茂兮[1],　　　　　　　　你的骑射真精湛啊,
遭我乎猫之道兮。　　　　　　和我相遇猫山间啊。
并驱从两牡兮[2],　　　　　　并肩追逐两公猪啊,

揖我谓我好兮。   作揖夸我技不凡啊。

【注释】

①茂：美。此处言才艺之美。

②牡：雄性的兽。

子之昌兮^①，   你身健壮英姿发啊，
遭我乎猫之阳兮。   和我相遇山南坡啊。
并驱从两狼兮，   并马追赶两只狼啊，
揖我谓我臧兮^②。   作揖夸我不寻常啊。

【注释】

①昌：英俊。《郑笺》："昌，佼好貌。"

②臧：善。

著

【题解】

这是一首写新郎迎亲的诗。《毛诗序》说："《著》，刺时也，时不亲迎也。"《郑笺》："时不亲迎，故陈亲迎之礼以刺之。"朱熹《诗集传》说："东莱吕氏（吕祖谦）曰：'昏礼，婿往妇家亲迎，既奠雁，御轮而先归，俟于门外，妇至则揖以入。时齐俗不亲迎，故女至婿门，始见其俟己也。'"据此，新郎等待新娘是在男方家的门间、庭院、中堂。此诗共三章，每章三句，只换了三个字，就表现出新娘出嫁的喜悦和对新郎的满意及赞许。

俟我于著乎而^①，　　　　新郎等我大门间呀，
充耳以素乎而^②，　　　　充耳系着白丝线呀，
尚之以琼华乎而^③。　　　缀着美玉光灿灿呀。

【注释】

①俟：等待。著：门与屏风之间的地方。乎而：语助词。
②充耳：又叫塞耳，古代男子的一种冠饰，挂在冠的两旁，丝线下面缀玉，垂于两鬓正当两耳处。素：白色，这里指悬充耳的丝色，下"青""黄"同。
③尚：加。琼华：美石似玉者。一说红色的玉。下两章的"琼莹"和"琼英"意同。

俟我于庭乎而^①，　　　　新郎等我庭院中呀，
充耳以青乎而，　　　　　充耳系着青丝绳呀，
尚之以琼莹乎而。　　　上面宝玉亮晶晶呀。

【注释】

①庭：中庭。在大门之内，寝门之外。

俟我于堂乎而^①，　　　　新郎等我在中堂呀，
充耳以黄乎而，　　　　　充耳丝绳色金黄呀，
尚之以琼英乎而。　　　上面宝玉放光芒呀。

【注释】

①堂：庭堂。

东方之日

【题解】

这是一首婚礼之歌。可能是举行婚礼时唱的,是以新郎的口吻来夸赞新娘的。一说这是女子追求男子的诗,仔细读来,似乎不像。女子追求男子,不仅登堂入室,而且如此大胆欢快,还要形诸诗歌,这在古代是不可想象的。

东方之日兮①,	红红太阳出东方啊,
彼姝者子②,	有位美丽的好姑娘,
在我室兮。	她走进我的新房啊。
在我室兮,	她走进我的新房啊,
履我即兮③。	跟着我的足迹走啊。

【注释】

①日:喻女颜色盛美。王先谦《诗三家义集疏》:"韩说曰:'诗人言所说者颜色盛美,如东方之日。'"

②姝:美丽。

③履:踏,践。即:就。朱熹《诗集传》:"履,蹑。即,就也。言此女蹑我之迹而相就也。"此写新婚在室的情景。

东方之月兮,	月亮初升在东方啊,
彼姝者子,	有位美丽的好姑娘,
在我闼兮①。	她走进我的内房啊。
在我闼兮,	她走进我的内房啊,

履我发兮②。   跟着我的脚步走啊。

【注释】

①闼:门内。或以为内室。

②发:足,脚。

东方未明

【题解】

这是为朝廷服劳役的百姓写的一首怨苦之作。主人公为了应差,天不亮就得起床,急乱中错把裤子套在了头上,把脚伸进了袖筒。这个细节的描述,读来令人发笑,但这是辛酸的笑,是苦涩的笑。他为何这样慌张?因为必须快速去应差,不然则会受到责罚。即使如此,还要受监工的气,这是多么不公平啊!

东方未明,   东方还没露亮光,
颠倒衣裳。   颠倒穿衣慌又忙。
颠之倒之,   慌忙哪知颠与倒,
自公召之。   只因公差来喊叫。

东方未晞①,   东方未明天色黑,
颠倒裳衣。   穿衣颠倒忙又急。
倒之颠之,   急忙哪知颠与倒,
自公令之。   只因公差在喊叫。

【注释】

①睎（xī）：拂晓，天明。

折柳樊圃①，	筑篱砍下柳树枝，
狂夫瞿瞿②。	监工在旁怒目视。
不能辰夜③，	不能按时睡个觉，
不夙则莫④。	早起晚睡真辛劳。

【注释】

①樊：篱笆。此处作动词用。

②狂夫：指监工者。瞿瞿：瞠视貌。

③辰：时。此指守时。

④夙：早。莫：同"暮"。

南山

【题解】

这是一首讽刺齐襄公与其同父异母妹文姜淫乱行为的诗。《毛诗序》："《南山》，刺襄公也。鸟兽之行，淫乎其妹。大夫遇是恶，作诗而去之。"据《左传·桓公十八年》记载：鲁桓公和夫人文姜一起入见齐襄公。发现齐襄公与文姜私通，非常生气。文姜把鲁桓公已知道他们私通的事告诉了襄公，齐襄公便派人暗杀了鲁桓公。后来文姜多次回齐国与襄公私通。这件丑事引起人们的极端憎恨，作了这首诗。此诗运用了大量比喻，以南山雄狐隐喻齐襄公淫妹，以冠屦上下各自成双比喻男女成双亦各有别，以种麻有垄比喻娶妻必告父母，以劈柴必须用斧比喻娶妻必须有媒人。这些比喻形象贴切，为诗篇增添了光彩。

南山崔崔①，　　　　　齐国南山高又高，
雄狐绥绥②。　　　　　雄狐跟在后面跑。
鲁道有荡③，　　　　　鲁国道路平坦坦，
齐子由归④。　　　　　文姜由此嫁鲁君。
既曰归止⑤，　　　　　既然已经嫁鲁君，
曷又怀止⑥？　　　　　为何怀念旧情人？

【注释】

①南山：齐国的南山，亦名牛山。崔崔：高大的样子。

②绥绥：相跟随的样子。陈奂《诗毛氏传疏》："绥绥然相随之貌，以喻襄公之随文姜。"

③鲁道：从齐国通向鲁国的大道。有荡：即"荡荡"，平坦。

④齐子：齐侯之子，指鲁桓公的夫人文姜。由归：从这条大道出嫁到鲁国去。

⑤止：语助词。

⑥曷：何。怀：回来。

葛屦五两①，　　　　　葛布鞋儿双双放，
冠绥双止②。　　　　　帽带一对垂两旁。
鲁道有荡，　　　　　　鲁国道路平坦坦，
齐子庸止③。　　　　　文姜出嫁走这方。
既曰庸止，　　　　　　既然已做鲁夫人，
曷又从止④？　　　　　为何又把旧情温？

【注释】

①葛屦：葛麻编织的鞋。五两：指并排摆列。五，与"伍"通。

②冠緌(ruí)：帽子上的缨带。

③庸：用，由。

④从：跟从。

艺麻如之何①？	农家怎样种好麻？
衡从其亩②。	纵横耕耘有方法。
取妻如之何？	要娶媳妇怎么办？
必告父母。	必定先要禀父母。
既曰告止，	既然已经禀父母，
曷又鞠止③？	为啥还要放任她？

【注释】

①艺：种植。

②衡从：即"横纵"，东西为横，南北为纵。这里指耕治田地。

③鞠：穷。此处鞠有穷极之意，与下文"极"字意相同。

析薪如之何①？	要劈柴火怎么办？
匪斧不克。	没有斧子劈不好。
取妻如之何？	要娶媳妇怎么办？
匪媒不得。	没有媒人办不到。
既曰得止，	既然已经娶到家，
曷又极止②？	为何由她瞎胡闹？

【注释】

①析薪：劈柴。

②极:穷极,放任。

甫田

【题解】

此诗歧说颇多,一说是讽刺齐襄公的。《毛诗序》说:"《甫田》,大夫刺襄公也。无礼义而求大功,不修德而求诸侯,志大心劳,所以求者非其道也。"一说要人看明时势,循序渐进。朱熹《诗集传》说:"言无田甫田也,田甫田而力不给,则草盛矣。无思远人也,思远人而不至,则心劳矣。以戒时人厌小而务大,忽近而图远,将徒劳而无功也。"又说:"言总角之童,见之未久,而忽然戴弁以出者,非其躐等而强求之也,盖循其序而势有必至耳。此又以明小之可大,迩之可远,能循其序而修之,则可以忽然而至其极。若躐等而欲速,则反有所不达矣。"还有人认为这是思念远人的诗。

无田甫田①,　　　　　　　不要耕种那甫田,
维莠骄骄②。　　　　　　　那里荒草一大片。
无思远人③,　　　　　　　不要想念远方人,
劳心忉忉④。　　　　　　　忧伤劳心实熬煎。

【注释】

①甫田:大块的田。田,音"佃",耕治田地之意。

②莠:野草。骄骄:通"乔乔",形容莠草挺出直上。

③远人:远方的人。

④劳:忧。忉忉:忧伤貌。

无田甫田,	不要耕种那甫田,
维莠桀桀①。	那里荒草无边缘。
无思远人,	不要思念远方人,
劳心怛怛②。	心中忧伤实难堪。

【注释】

①桀桀:高高挺立的样子。

②怛怛(dá):悲痛的样子。

婉兮娈兮①,	小时娇嫩又俊俏,
总角丱兮②。	发结像对羊犄角。
未几见兮③,	不久时候再相见,
突而弁兮④。	突然戴上成人帽。

【注释】

①婉、娈:年少而美好貌。

②总角:古时男子未成年时,头发扎成羊角状。丱(guàn):总角貌。

③未几:不久。

④弁(biàn):帽子。古时男子二十而冠,表示已成人。

卢令

【题解】

这是一篇赞美年轻猎人的诗。《毛诗序》说:"《卢令》,刺荒也。襄公好田猎毕弋,而不修民事,百姓苦之,故陈古以风焉。"认为是讽刺齐襄公不修民事的。方玉润《诗经原始》说:"此诗与公无涉,亦无所谓'陈古以风'意。盖游猎自是齐俗所尚,诗人即所见以咏之,词若欢美,意实讽刺,与《还》略同。"方氏所说近于诗意,但看不出讽刺之意。此诗仅二十四字,就勾勒出一个壮美、仁爱、勇武、多才的年轻猎人带着心爱的猎犬打猎的情景,文字简练,形象生动。

卢令令①,　　　　　　　　　猎狗颈环铃铃响,
其人美且仁②。　　　　　　　猎人温厚又漂亮。

【注释】

①卢:猎犬。令令:猎狗脖子上挂铃的响声。
②仁:仁善。

卢重环①,　　　　　　　　　猎犬挂着子母环,
其人美且鬈②。　　　　　　　猎人长发飘又卷。

【注释】

①重环:又叫"子母环",即大环套小环。
②鬈(quán):形容头发卷曲的样子。

卢重鋂①,　　　　　　　　　猎犬挂着俩铜环,
其人美且偲②。　　　　　　　猎人健美又能干。

【注释】

①重鋂(méi):一个大环套着两个小环。

②偲(cāi)：多才。

敝笱

【题解】

这是一首讽刺鲁桓公不能约束其妻文姜以及文姜与其兄淫乱的诗。《毛诗序》说："《敝笱》，刺文姜也。齐人恶鲁桓公微弱，不能防闲文姜，使至淫乱，为二国患焉。"朱熹说："齐人以敝笱不能制大鱼，比鲁庄公(当为鲁桓公)不能防闲文姜，故归齐而从之者众也。"诗中以随行人像云、像雨、像水一样众多，隐喻文姜和其兄的频繁来往，使此诗显得含蓄而有致，语浅而意深，耐人寻味推敲。

敝笱在梁①，	破笱放置在鱼梁，
其鱼鲂鳏②。	网不住大鱼鳏和鲂。
齐子归止③，	文姜回齐见兄长，
其从如云④。	随行人像云一样。

【注释】

①敝笱(gǒu)：破败的鱼笱。笱，捕鱼的竹笼。梁：鱼梁，河中用石块筑的堤坝。

②鲂鳏(fáng guān)：鳊鱼和鲲鱼。

③齐子：齐国的女公子，指文姜。归：回娘家。

④从：随从的人。如云：形容随从之盛。

敝笱在梁，	破笱放置在鱼梁，
其鱼鲂鱮①。	捕不到大鱼鲂和鲂。
齐子归止，	文姜回齐见兄长，

其从如雨②。　　　　　　随行人像雨一样。

【注释】

①鲂(xù)：鲢鱼。

②如雨：形容随从之多。

敝笱在梁，　　　　　　破笱放置在鱼梁，
其鱼唯唯①。　　　　　　鱼儿游来无阻挡。
齐子归止，　　　　　　文姜回齐见兄长，
其从如水②。　　　　　　随行人如水流淌。

【注释】

①唯唯：鱼儿自由游动貌。《韩诗》作"遗遗"，鱼行相随貌。

②如水：形容随从人如水流不断。

载驱

【题解】

这一首还是讽刺文姜与其同父异母之兄齐襄公纵淫的诗，可与《南山》相互参看。《毛诗序》说："《载驱》，齐人刺襄公也。无礼义，故盛其车服，疾驱于通道大都，与文姜淫，播其恶于万民焉。"方玉润《诗经原始》说："《载驱》，刺文姜如齐无忌也。"《诗集传》说："齐人刺文姜乘此车而来会襄公。"全诗四章，是写文姜与襄公幽会往来途中的情形。一件丑事，却张张扬扬，招摇过市，像办喜事一样，真是恬不知耻。

载驱薄薄①，	马车奔驰车轮响，
簟茀朱鞹②。	竹帘朱帘耀眼亮。
鲁道有荡③，	鲁国大道多平坦，
齐子发夕④。	文姜朝夕任来往。

【注释】

①载：乃。驱：策马。薄薄：车马急驰声。一说鞭声。

②簟茀(diàn fú)：竹席制的车簾。朱鞹(kuò)：红色革皮制的车盖。

③鲁道：通向鲁国的道路。有荡：即"荡荡"，平坦。

④发：旦。夕：暮。

四骊济济①，	四马驾车真齐整，
垂辔㳽㳽②。	缰绳松缓任驰骋。
鲁道有荡，	鲁国大道多平坦，
齐子岂弟③。	文姜乐得心花放。

【注释】

①骊：黑色马。一车四马，故谓"四骊"。济济：即"齐齐"，马行步调
　一致。

②垂辔：指马缰绳松弛，弯曲下垂。㳽㳽(mǐ)：柔软的样子。一说
　辔垂貌。

③岂弟：快乐而心不在焉貌。朱熹《诗集传》曰："岂弟，乐易也，言
　无忌惮羞愧之意也。"

汶水汤汤①，	汶河流水泛波浪，

行人彭彭②。	路上行人熙攘攘。
鲁道有荡，	齐国大道多平坦，
齐子翱翔③。	文姜在此任游荡。

【注释】

①汶水：水名。即今之大汶河。大汶河在齐国南，鲁国北，二国交接处。汤汤：水盛貌。一说水流荡貌。

②彭彭：行人众多貌。

③翱翔：犹"逍遥""游逛"。自由自在、无所忌惮之貌。

汶水滔滔，	汶河流水卷波涛，
行人儦儦①。	路上行人如观潮。
鲁道有荡，	齐国大道多平坦，
齐子游敖②。	文姜往来自逍遥。

【注释】

①儦儦（biāo）：众多貌，或以为行走貌。

②游敖：嬉戏，游乐。一说犹"翱翔"。

猗嗟

【题解】

这首诗赞美了一个英俊非凡的美男子以及他射技的高超。前人多认为诗中的主人公是鲁庄公。《毛诗序》说："《猗嗟》，刺鲁庄公（桓公之子）也。齐人伤鲁庄公有威仪技艺，然而不能以礼防闲其母，失子之道。"方玉润则认为"《猗嗟》,美鲁庄公材艺之美也"。"此齐人初见庄公而叹其威仪技艺之美,不失名门子,而又可以为戡乱材。诚哉,其为齐侯之甥也! 意本赞美,以其母不贤,故自后人观之而以为刺耳。"总观全诗,诗人确实是以赞叹的口吻,生动细致地描绘了一位少年射手的形象。诗中不仅描写了射手身体壮、仪表美,特别之处是用"美目扬兮""美目清兮""清扬婉兮"这样婉约的词汇来形容射手顾盼流动的目光,致使这个人物活生生地展现在读者面前,使此诗成为描写男性美的杰出之作。

猗嗟昌兮①,	容颜是那么漂亮啊,
颀而长兮②。	身材是那么修长啊。
抑若扬兮③,	前额是那么宽广啊,
美目扬兮④。	美目顾盼生辉光啊。
巧趋跄兮⑤,	脚步矫健又轻捷啊,
射则臧兮⑥。	箭箭射中技法强啊。

【注释】

①猗嗟:赞叹之辞。昌:壮盛美好貌。

②颀而:即"颀然",指身材高大。

③抑若:犹"懿然",即美的样子。扬:前额开阔。

④扬:飞扬。形容目光流动有神的样子。

⑤巧趋:灵巧的步趋。跄:步伐矫健。

⑥则:即。臧:好,善。

猗嗟名兮①,	身强貌美多阳光啊,
美目清兮②,	美目清澈又明亮啊。

仪既成兮③，	礼仪仪式已完成啊，
终日射侯④。	终日射靶无倦容啊。
不出正兮⑤，	箭箭都在靶中心啊，
展我甥兮⑥。	不愧是我好外甥啊。

【注释】

①名：借为"明"，昌盛。赞美其容貌之盛，有光彩。

②清：眼睛明亮的样子。

③仪：射仪。射箭开始前的礼仪。

④侯：箭靶。

⑤正：箭靶的中心，也叫"的"或"鹄"。

⑥展：诚，确实。甥：外甥，鲁庄公是齐国的外甥。

猗嗟娈兮①，	年轻貌美真可爱啊，
清扬婉兮②。	眉目清秀闪柔光啊。
舞则选兮③，	舞姿美妙又出众啊，
射则贯兮④。	箭出支支都射中啊。
四矢反兮⑤，	四支连射中一点啊，
以御乱兮⑥。	他能御敌防叛乱啊。

【注释】

①娈：健壮而美好貌。

②清扬：总上"清兮""扬兮"而言。清，目之美也。扬，眉之美也。

　婉：美好貌。

③舞：舞蹈，是射礼中的一项程序。选：与众不同。朱熹《诗集传》、

　　方玉润《诗经原始》皆解为"异于众也"。

④贯:射中。

⑤四矢反兮:四支箭皆射中一个地方。

⑥御:抵御,防御。

魏风

《魏风》共七篇,都是春秋初期的作品。魏故地在今山西芮城东北。"其地陋隘,而民贫俗俭"(朱熹语),人民生活艰苦,所以魏诗多为表达他们苦难的生活和对统治者的不满。《硕鼠》《伐檀》是其代表作。

葛屦

【题解】

这是缝衣女工讽刺穿她所缝之衣的贵夫人的诗。朱熹《诗集传》说:"此诗疑即缝裳之女所作。"很有见地。诗中塑造了两个形象:一个是缝衣女,贫困、瘦弱,受冻、挨饿,拖着疲惫的身子为主人劳作。一个是穿衣人,即所谓"好人",服饰华贵,态度傲慢,心胸褊狭,而又忸怩作态。反映了上下层的对立和悬殊。

纠纠葛屦①,　　　　　葛麻编绕破草鞋,
可以履霜②?　　　　　穿上怎能踩冰霜?
掺掺女手③,　　　　　纤细瘦弱一双手,
可以缝裳④?　　　　　如何能够缝衣裳?

要之襋之⑤，　　　　　　　　缝好腰身缝衣领，
好人服之⑥。　　　　　　　　给那美人穿身上。

【注释】

①纠：犹"缭缭"，绳索交错缠绕的样子。葛屦：葛麻编织的草鞋，只
　能夏天穿。

②可以：即"何以"。可，通"何"。履：践踏。

③掺掺：纤细的样子。

④裳：衣服。

⑤要：衣裳的腰身。襋(jí)：衣领，这里用作动词，即缝制衣服腰部
　和领子的部分。

⑥好人：指缝衣女的主人，即夫人。服：穿。

好人提提①，　　　　　　　　美人显出傲慢样，
宛然左辟②，　　　　　　　　回身避开向左方，
佩其象揥③。　　　　　　　　象牙簪子插头上。
维是褊心④，　　　　　　　　实是褊狭没度量，
是以为刺⑤。　　　　　　　　作诗讽刺实应当。

【注释】

①提提：通"媞媞(tí)"，安逸、舒服的样子。一说美好貌。

②宛然：转身貌。朱熹、方玉润均释为"让之貌也"。左辟：向左回
　避闪开。

③象揥：象牙或象骨作的发簪。

④维：因为。是：这个。这里指代"好人"。褊心：心胸狭隘。这里
　有苛刻、狠心的意思。

⑤是以:所以。刺:讽刺。

汾沮洳

【题解】

　　这是一首女子赞美情人的诗。一位在汾水河边采摘野菜的女子,爱上了一位普通的男子。但在她的心目中,她看重的是人品仪表,而不是财产地位。她热情赞美情人远远地超过那些身居要职的贵族青年。《毛诗序》说:"《汾沮洳》,刺俭也。其君俭以能勤,刺不得礼也。"认为这是君子亲自采菜,虽勤俭但不合乎礼。还有人认为采菜的是位隐者,才德在那些官员之上。

彼汾沮洳①,	汾河河边洼地上,
言采其莫②。	采摘脆嫩莫菜忙。
彼其之子③,	那位英俊小伙子,
美无度④。	美的无法去度量。
美无度,	美的无法去度量,
殊异乎公路⑤!	"公路"官远远比不上。

【注释】

①汾:水名。在今山西中部。沮洳(jù rù):水边低湿的地方。

②言:乃。莫:草名,即酸模,属多年生草本,嫩叶可食。

③彼其之子:他那个人。

④美无度:即无限美。度,限度。

⑤殊异:特别不同。殊,甚。公路:管理魏君之路车,由贵族子弟担任,又称公车都尉。路,通"辂"。公路、公行、公族都是当时的

官名。

| 彼汾一方^①， | 在那汾河河岸旁， |

彼汾一方^①，　　　　　　在那汾河河岸旁，
言采其桑^②。　　　　　　采摘桑叶把蚕养。
彼其之子，　　　　　　　那位英俊小伙子，
美如英^③。　　　　　　　美如花儿正开放。
美如英，　　　　　　　　美如花儿正开放，
殊异乎公行^④！　　　　"公行"官远远比不上。

【注释】

①一方：一边，一旁。

②桑：桑树叶。

③英：花。

④公行：管理兵车的官。

彼汾一曲^①，　　　　　　在那汾河河弯旁，
言采其藚^②。　　　　　　采摘泽泻忙又忙。
彼其之子，　　　　　　　那位英俊小伙子，
美如玉。　　　　　　　　美得好像玉一样。
美如玉，　　　　　　　　美得好像玉一样，
殊异乎公族^③。　　　　"公族"官远远比不上。

【注释】

①曲：指汾水弯曲处。

②藚（xù）：即"泽泻"，苗如车前草，嫩时可食。

③公族:掌管魏君宗族事物的官。

园有桃

【题解】

这是一位贤士忧时伤世的诗。诗人对现实有较为清醒的认识,但不被人理解,因而心情郁闷忧伤。于是长歌当哭,表达出深深的哀婉伤痛之情。此诗句式参差多变,读来韵味婉转深长。《毛诗序》说:"《园有桃》,刺时也。大夫忧其君,国小而迫,而俭以啬,不能用其民,而无德教,日以侵削,故作是诗也。"比较符合诗意。此诗与《王风·黍离》《兔爰》格调相同,都是悲愁之词。诗以桃园起兴,然后转入主题,诉说自己的忧愁,慷慨悲凉,深沉而又痛切。

园有桃,	园内有棵桃,
其实之肴①。	桃子可以当佳肴。
心之忧矣,	内心忧伤无处诉,
我歌且谣②。	我且唱歌说歌谣。
不知我者,	不了解我的人,
谓我"士也骄③。	说我"你这个人太骄傲。
彼人是哉④,	那人是正确的啊,
子曰何其⑤。"	你说那些没必要。"
心之忧矣,	内心忧伤无处诉,
其谁知之?	有谁了解我苦恼?
其谁知之,	没人了解我苦恼,
盖亦勿思⑥!	只好不再去思考!

【注释】

①肴：食。

②歌、谣：泛指歌唱。

③士：古代对知识分子或一般官吏的称呼。

④彼人：那人，指朝廷执政者。是：对，正确。

⑤子：你，即作者。何其：为什么。其，语气词。

⑥盖：同"盍"，何不。

园有棘①，	园内有棵枣，
其实之食。	枣子当食可吃饱。
心之忧矣，	内心忧伤无处诉，
聊以行国②。	姑且到处去走走。
不知我者，	不了解我的人，
谓我"士也罔极③。	说我"你这个人背常道。
彼人是哉，	那人是正确的啊，
子曰何其。"	你说那些没必要。"
心之忧矣，	内心忧伤无处诉，
其谁知之？	有谁了解我苦恼？
其谁知之，	没人了解我苦恼，
盖亦勿思！	只好不再去思考！

【注释】

①棘：酸枣树。

②行国：周游国中。

③罔极：无常。

陟岵

【题解】

这是服役在外的征夫思念家中亲人的诗。春秋时期，一般劳苦大众都要承担沉重的兵役和劳役，他们不仅身体受折磨，更加难以忍耐的是和亲人分离的痛苦。此诗的特点是，诗人不直抒思家之情，而是想象父母兄长对他的挂念叮嘱，读来更令人心酸，也更深沉凄婉。《毛诗序》说："《陟岵》，孝子行役，思念父母也。国迫而数侵削，役乎大国，父母兄弟离散，而作是诗也。"所说基本符合诗意。

陟彼岵兮①，	登上草木青青高山冈，
瞻望父兮。	登高来把爹爹望。
父曰②："嗟！	爹说："唉！
予子行役，	我儿服役远在外，
夙夜无已。	爹爹日夜挂心怀。
上慎旃哉③，	望你小心保平安，
犹来无止④！"	服完劳役早回来！"

【注释】

①陟(zhì)：登。岵(hù)：有草木的山。

②父曰：这是诗人想象他父亲说的话。下文"母曰""兄曰"同。

③上：同"尚"，希望。慎：谨慎。旃(zhān)：助词，之，焉。

④犹来：还是回来。无：不要。止：停留。

陟彼屺兮①，	登上高高秃山顶，

瞻望母兮。　　　　　登上山顶望亲娘。
母曰："嗟！　　　　　娘说："唉！
予季行役②，　　　　　幺儿当差在他乡，
夙夜无寐③。　　　　　老娘日夜心中想。
上慎旃哉，　　　　　望你小心保平安，
犹来无弃！"　　　　　别把爹娘弃一旁！"

【注释】

①屺(qǐ)：不长草木的山。
②季：小儿子。
③无寐：没时间睡觉。

陟彼冈兮，　　　　　登上那个高山冈，
瞻望兄兮。　　　　　登上高冈望兄长。
兄曰："嗟！　　　　　哥说："唉！
予弟行役，　　　　　弟弟服役走得远，
夙夜必偕①。　　　　　早晚和同伴来相伴。
上慎旃哉，　　　　　望你小心保平安，
犹来无死！"　　　　　身体健壮要生还！"

【注释】

①偕：俱，在一起。劝其与同伴同行止。

十亩之间

【题解】

这是一首采桑女子呼伴同归时唱的歌。此诗仅两章六句,却描绘出春日桑林间采桑女子忙碌采桑,以及在辛勤劳动之后轻松悠闲结伴归家的情景。《毛诗序》说:"《十亩之间》,刺时也。言其国削小,民无所居焉。"姚际恒《诗经通论》说:"此类刺淫之诗。"说得都不靠谱。朱熹《诗集传》说:"贤者不乐仕于其朝,而思与其友归于农圃。"虽有一定道理,但诗中说到采桑之事,还是解为采桑女唱的歌为好。

十亩之间兮,	十亩之内桑树间,
桑者闲闲兮①。	采桑姑娘已悠闲。
行与子还兮②。	走吧,咱们一起回家转。

【注释】

①桑者:采桑的人。闲闲:宽闲、从容的样子。
②行:走。

十亩之外兮,	十亩之外桑树林,
桑者泄泄兮①。	采桑姑娘结成群。
行与子逝兮②。	走吧,咱们一起转回村。

【注释】

①泄泄(yì):人多的样子。
②逝:返回。

伐檀

【题解】

这是伐木者讽刺剥削者不劳而获的诗。伐木者在河边伐木,为贵族老爷们造车,想到主子们不劳而获却占有大量财富,心中极为不平,于是用反诘句来责问剥削者,讽刺他们只不过是白吃闲饭的寄生虫。《毛诗序》说:"《伐檀》,刺贪也。在位贪鄙,无功而食禄,君子不得进仕尔。"说得基本符合诗意。此诗的语言形式是杂言,句式参差错落,时而低回婉转,时而高亢激越,自由地抒发感情。诗中还运用叠字,反复吟唱,音律优美,达到了内容和形式的统一。这首诗千百年来受到人们的喜爱,具有不朽的艺术魅力。

坎坎伐檀兮①,	坎坎声响在伐檀,
置之河之干兮②,	砍倒放在河岸边,
河水清且涟猗③。	河水清清起波澜。
不稼不穑④,	不种不收坐等闲,
胡取禾三百廛兮⑤?	为啥粮租收不完?
不狩不猎⑥,	不出狩又不打猎,
胡瞻尔庭有县貆兮⑦?	为啥院里挂猪獾?
彼君子兮,	那些老爷公子们,
不素餐兮⑧!	不是白白吃闲饭?

【注释】

①坎坎(kǎn):伐木声。檀(tán):树名,木质坚硬。

②干:岸。

③涟(lián)：水的波纹。猗：同"兮"，啊。

④稼：耕种。穑(sè)：收获。

⑤三百廛(chán)：三百户农家所交的税。三百，表示多，不是确数。
　　下章"三百亿""三百囷"与此相同。

⑥狩(shòu)：冬天打猎。猎：夜间打猎。这里是泛指打猎。

⑦瞻：望。县：同"悬"，悬挂。貆(huán)：兽名，猪獾(huān)。

⑧素餐：白吃饭。

坎坎伐辐兮①，　　　　　　坎坎伐檀做车辐，

置之河之侧兮②，　　　　　砍倒放在河之畔，

河水清且直猗③。　　　　　河水清清流得缓。

不稼不穑，　　　　　　　　不种不收坐等闲，

胡取禾三百亿兮？　　　　　为啥有谷收不完？

不狩不猎，　　　　　　　　不出狩又不打猎，

胡瞻尔庭有县特兮④？　　　为啥院里野兽悬？

彼君子兮，　　　　　　　　那些老爷公子们，

不素食兮！　　　　　　　　不是白白吃闲饭？

【注释】

①辐(fú)：辐条，车轮当中的直木。

②侧：旁边。

③直：水流平直。

④特：大兽。

坎坎伐轮兮，　　　　　　　坎坎伐檀做车轮，

置之河之漘兮[1]，　　　　砍倒放在河之岸，

河水清且沦猗[2]。　　　　河水清清起微澜。

不稼不穑，　　　　　　　不种不收坐等闲，

胡取禾三百囷兮[3]？　　　为啥粮仓满又满？

不狩不猎，　　　　　　　不出狩又不打猎，

胡瞻尔庭有县鹑兮[4]？　　为啥鹌鹑挂你院？

彼君子兮，　　　　　　　那些老爷公子们，

不素飧兮[5]！　　　　　　不是白白吃闲饭！

【注释】

①漘（chún）：水边。

②沦：小的波纹。

③囷（qūn）：圆形谷仓。

④鹑（chún）：鹌鹑。"貆""特""鹑"代指大小禽兽，说明剥削者的贪

　　婪，无论禽兽，不论大小，都要占为己有。

⑤飧（sūn）：熟食。这里指吃饭。

硕鼠

【题解】

　　这是一首劳动者反抗沉重剥削、向往美好社会生活的诗。诗人形象地把剥削者比作又肥又大的老鼠，他们贪婪成性、油滑狡诈，从不考虑别人的死活，以致劳动者无法在此继续生活下去，而要去寻找他们理想中的"乐土"。《毛诗序》说："《硕鼠》，刺重敛也。国人刺其君重敛蚕食于民，不修其政，贪而畏人，若大鼠也。"说得比较切合诗意。此诗主要特点是比喻精当，把剥削者比喻为人人憎恶的大老鼠，非常贴切。在

情感表达上,也有一唱三叹之妙。先是呼告请求,继则斥责揭露,充满了无可奈何的怨恨;后又向往乐土,想去过一种无忧无虑的生活,于无可奈何中增添了希望。在他们的想象中,除了这重敛蚕食之地,总还能够找到安居乐业、劳有所值、永无悲号的地方吧。此诗也是《诗经》中的名篇,对"乐土"向往的美好理想对人们也很有启发。

硕鼠硕鼠,	大老鼠啊大老鼠,
无食我黍!	不要偷吃我的黍!
三岁贯女①,	多年辛苦养活你,
莫我肯顾②。	我的死活你不顾。
逝将去女③,	发誓从此离开你,
适彼乐土④。	到那理想的乐土。
乐土乐土,	乐土啊美好乐土,
爰得我所⑤。	那是安居好去处。

【注释】

①贯:"宦"的假借字,侍奉、养活的意思。女:你。

②莫我肯顾:"莫肯顾我"的倒装。顾,顾及,照管。

③逝:通"誓",发誓。去:离开。

④适:往。乐土:安居乐业的地方。

⑤爰:乃,就。

硕鼠硕鼠,	大老鼠啊大老鼠,
无食我麦!	不要偷吃我的麦!
三岁贯女,	多年辛苦养活你,

莫我肯德①。　　　　　不闻不问不感谢。
逝将去女，　　　　　发誓从此离开你，
适彼乐国。　　　　　到那理想安乐地。
乐国乐国，　　　　　安乐地呀安乐地，
爰得我直②。　　　　　劳动所得归自己。

【注释】

①德：感激之意。

②直：报酬。

硕鼠硕鼠，　　　　　大老鼠啊大老鼠，
无食我苗！　　　　　不要偷吃我的苗！
三岁贯女，　　　　　多年辛苦养活你，
莫我肯劳①。　　　　　没日没夜谁慰劳。
逝将去汝，　　　　　发誓从此离开你，
适彼乐郊　　　　　　到那理想的乐郊。
乐郊乐郊　　　　　　乐郊啊美好乐郊，
谁之永号②？　　　　　谁还叹气长呼号？

【注释】

①劳：慰劳。

②永号：长叹。

唐风

"唐风"即唐地的乐调。周成王封他的弟弟姬叔虞于唐,都城即今山西翼城县南。唐地有晋水,后来改国号为晋。其地土瘠民贫,但勤俭质朴,忧深思远,有尧之遗风。今存唐风十二篇,都是晋国的诗歌,可能都是东周时作品。其诗风与《魏风》略近,情调比较忧伤、苦涩,多人生之悲,故吴季札论《唐风》曰:"思深哉!其陶唐氏之遗民乎?不然,何忧之远也?非令德之后,谁能若是!"

蟋蟀

【题解】

这是一首岁末述怀诗。作者既有人生易老,要及时行乐的思想;也有行乐有度,要做贤士的志向。这首诗反映了东周时期唐地的风情,据朱熹《诗集传》说:"唐俗勤俭,故其民间终岁劳苦,不敢少休。及其岁晚务闲之时,乃敢相与燕饮为乐。"方玉润《诗经原始》说:"《蟋蟀》,唐人岁暮述怀也。"

蟋蟀在堂①,　　　　　　　　天寒蟋蟀进堂屋,

岁聿其莫②。	一年匆匆临岁暮。
今我不乐，	今不及时去行乐，
日月其除③。	日月如梭留不住。
无已大康④，	行乐不可太过度，
职思其居⑤。	本职事情莫耽误。
好乐无荒⑥，	正业不废又娱乐，
良士瞿瞿⑦。	贤良之士多警悟。

【注释】

①堂：厅堂。

②聿：语助词，有"遂"的意思。莫：同"暮"。

③除：去。

④已：甚，过度。大康：即"泰康"，过于安乐。

⑤职：还要。居：所任的职位。

⑥好：喜好。荒：荒废。

⑦瞿瞿（jù）：惊顾的样子。这里有警惕之意。

蟋蟀在堂，	天寒蟋蟀进堂屋，
岁聿其逝①。	一年匆匆到岁暮。
今我不乐，	今不及时去行乐，
日月其迈②。	日月如梭停不住。
无已大康，	行乐不可太过度，
职思其外③。	分外之事也不误。
好乐无荒，	正业不废又娱乐，
良士蹶蹶④。	贤良之士敏事务。

【注释】

①逝：去。

②迈：逝去。

③外：本职之外的事。

④蹶蹶（guì）：勤恳敏捷的样子。

蟋蟀在堂，	天寒蟋蟀进堂屋，
役车其休①。	行役车辆也息休。
今我不乐，	今不及时去行乐，
日月其慆②。	日月如梭不停留。
无已大康，	行乐不可太过度，
职思其忧。	还有国事让人忧。
好乐无荒，	正业不废又娱乐，
良士休休③。	贤良之士乐悠悠。

【注释】

①役车：服役的车子。

②慆（tāo）：逝去。

③休休：安闲的样子。

山有枢

【题解】

此诗有两种解释：《毛诗序》说："《山有枢》，刺晋昭公也。不能修道以正其国，有财不能用，有钟鼓不能以自乐，有朝廷不能洒扫，政荒民散,将以危亡,四邻谋取其国家而不知,国人作诗以刺之也。"又清人方玉润认为:"时君将亡,必望其急早修改,以收拾人心为主,岂有劝其及时行乐,自速死亡乎?""《山有枢》,刺唐人俭不中礼也。"(《诗经原始》)现在一般认为是嘲笑讽刺守财奴的诗。

山有枢①,	山上有树名为枢,
隰有榆②。	低地有树名叫榆。
子有衣裳,	你有裳来又有衣,
弗曳弗娄③。	不穿不着压箱底。
子有车马,	你有马来又有车,
弗驰弗驱。	不骑不乘不驰驱。
宛其死矣④,	有朝一日眼一闭,
他人是愉⑤。	他人享受多欢愉。

【注释】

①枢:臭椿树。一说刺榆。

②隰(xí):低洼的地。

③曳(yè):拖。娄:意同"曳",都指穿衣的动作。

④宛其:即"宛然",形容枯萎倒下的样子。此指将死状。

⑤愉:乐。

山有栲①,	山上有树名为栲,
隰有杻②。	低地有树名叫檍。
子有廷内③,	你有院来又有房,
弗洒弗扫。	不去打扫任肮脏。

子有钟鼓，　　　　　　你有钟来又有鼓，

弗鼓弗考④。　　　　　　不敲不打没声响。

宛其死矣，　　　　　　有朝一日眼一闭，

他人是保⑤。　　　　　　他人拥有把福享。

【注释】

①栲(kǎo)：树名，又叫山樗(chū)。

②杻(niǔ)：树名，又叫檍(yì)。

③廷内：庭院与堂室。

④鼓：敲打。考：敲。

⑤保：持有。

山有漆①，　　　　　　山上有树名为漆，

隰有栗②。　　　　　　低地有树名叫栗。

子有酒食，　　　　　　你有菜来又有酒，

何不日鼓瑟③？　　　　何不宴饮又奏乐？

且以喜乐，　　　　　　姑且以此来娱乐，

且以永日④。　　　　　姑且以此度朝夕。

宛其死矣，　　　　　　有朝一日眼一闭，

他人入室。　　　　　　他人住进你屋里。

【注释】

①漆：树名，其汁液可做涂料。

②栗：栗子树。

③鼓瑟：弹奏琴瑟。瑟，一种二十五弦的乐器。

④永日:整日,终日。

扬之水

【题解】

对这首诗的解释有三种:一是《毛诗序》说:"《扬之水》,刺晋昭公也。昭公分国以封沃,沃盛强,昭公微弱,国人将叛而归沃焉。"即讽刺晋昭公的。朱熹也说:"晋昭侯封其叔父成师于曲沃,是为桓叔。其后沃盛强而晋微弱,国人将叛而归之,故作此诗。"二是《诗经原始》说:"严氏粲云:'时沃有篡宗国之谋,而潘父阴主之,将为内应,而昭公不知。此诗正发潘父之谋,其忠告于昭公者,可谓切至。'"即揭发潘父背叛晋昭公的阴谋,忠告昭公要有准备。三是一位妇女思念丈夫的诗。四是一位女子赴情人约会的诗。仔细推敲诗的内容,觉得说女子会情人更符合诗意。诗中所写的故事是:男子先给女子寄了个信,女子不敢有误,便匆匆赶去相会,他们见面之后非常高兴,故女子唱出了这首歌。

扬之水①,	小河之水舒缓流淌,
白石凿凿②。	水底白石鲜明发光。
素衣朱襮③,	我穿着素净红领衣裳,
从子于沃④。	跟随你到曲沃道上。
既见君子,	既已见到我的情郎,
云何不乐⑤?	心里怎不欢喜若狂?

【注释】

①扬:小水。一说当作"杨",地名,在今山西洪洞南。
②凿凿:鲜明貌。一说形容石头高低不平之状。

③襮(bó):衣领。或以为是衣袖。

④从:随从,跟随。沃:曲沃。在今山西闻喜东。

⑤既见君子,云何不乐:这是当时民歌常用语。又见于《风雨》《隰
　　桑》等篇中。云何,如何。

扬之水,	小河之水舒缓流淌,
白石皓皓①。	水底白石洁净透亮。
素衣朱绣②,	穿着素净红领绣花衣裳,
从子于鹄③。	跟随你到鹄城城旁。
既见君子,	既已见到我的情郎,
云何其忧④?	心里还有什么忧伤?

【注释】

①皓皓:洁白貌。

②朱绣:红色的刺绣。此指衣领上的绣纹。

③鹄:《齐诗》作"皋",即曲沃。

④其忧:有忧。与上章"不乐"相对应。

扬之水,	小河之水舒缓流淌,
白石粼粼①。	水底白石粼粼发光。
我闻有命②,	听到幽会的消息,
不敢以告人!	不敢告诉他人和爹娘。

【注释】

①粼粼:水清石见貌。

②命：命令，指示。

椒聊

【题解】

这是一首赞美妇女多子的诗。《毛诗序》和三家诗都说这是写曲沃桓叔子孙盛多的诗。朱熹表示怀疑，说"此不知其所指"，"此诗未见其必为沃而作也"，因此人们也多不信《序》说。一说这是女子采椒之歌。

椒聊之实①，	花椒结籽挂树上，
蕃衍盈升②。	累累椒籽升升装。
彼其之子，	看那妇人的儿子，
硕大无朋③。	身材高大称无双。
椒聊且④，	像串串花椒啊，
远条且⑤！	它的芬芳飘远方！

【注释】

①椒聊：花椒。花椒似茱萸，有刺，其实味香烈，能做调料。一说聊　指高木。

②蕃衍：繁多。盈升：盈，满。升，量器名。

③硕大：指身体高大强壮。硕，大。无朋：无比。

④且：语助词，犹"哉"。

⑤远条：长的枝条。指花椒的香气远闻。

椒聊之实，	花椒结籽挂树上，

蕃衍盈匊①。　　累累椒籽捧捧香。

彼其之子，　　看那妇人的儿子，

硕大且笃②。　　心地忠厚身强壮。

椒聊且，　　　像串串花椒啊，

远条且！　　　它的芬芳飘远方！

【注释】

①匊：通"掬"，两手合捧为一掬。

②笃：忠厚。

绸缪

【题解】

　　这是一首贺新婚的诗，方玉润《诗经原始》说："《绸缪》，贺新昏也。"诗中表达了新郎新娘在洞房花烛夜的无限喜悦之情。从诗中热烈而直白的语言，可见当时青年男女对待婚姻爱情的直率和大胆，而无后世的忸怩作态。也有人认为这是闹新房一类的歌。

绸缪束薪①，　　束束柴草紧紧缠，

三星在天②。　　三星高高挂在天。

今夕何夕，　　今夜到底是何夜，

见此良人③？　能和这样好人见？

子兮子兮，　　你呀！你呀！

如此良人何④？　对此好人怎么办？

【注释】

①绸缪(móu)：紧密缠绕的样子。束薪：捆扎的柴草。

②三星：星宿名，即心星。

③良人：古代妇女称其夫为"良人"。

④如此良人何：如……何：犹"奈何"，怎么样。

绸缪束刍①，	束束草料紧紧缠，
三星在隅②。	三星已在天东南。
今夕何夕，	今夜到底是何夜，
见此邂逅③？	能和心上人儿见？
子兮子兮，	你呀！你呀！
如此邂逅何？	面对爱人怎么办？

【注释】

①束刍：捆束的草料。

②隅：指天的东南边，说明夜色已深。

③邂逅：不期而遇，引申为难得之喜。

绸缪束楚①，	束束荆条紧紧缠，
三星在户②。	三星光照门里面。
今夕何夕，	今夜到底是何夜，
见此粲者③？	能和如此美人见。
子兮子兮，	你呀！你呀！
如此粲者何？	对此美人怎么办？

【注释】

①束楚:捆束的荆条。

②三星在户:指已到夜半。户,单扇门。一扇为户,两扇为门。

③粲(càn)者:美人。

杕杜

【题解】

《毛诗序》说:"《杕杜》,刺时也。君不能亲其宗族,骨肉离散,独居而无兄弟,将为沃所并尔。"认为是讽刺晋国国君的。朱熹《诗序辩说》反驳道:"此乃人无兄弟而自叹之词,未必如《序》之说也。况曲沃实晋之同姓,其服属又未远乎?"在《诗集传》中又说:"此无兄弟者自伤其孤特,而求助于人之辞。"我们认为这是表现兄弟失和、孤寂无助痛苦心情的诗。方玉润《诗经原始》说:"自伤兄弟失好而无助也。"一说这是一个流浪者求助不得的伤感诗。或说是独生子慨叹孤立无援的诗。

有杕之杜①,	那棵独立棠梨树,
其叶湑湑②。	树上叶子很茂盛。
独行踽踽③,	我独自行走冷清清,
岂无他人?	难道没人同路行?
不如我同父④。	不如同胞兄弟骨肉情。
嗟行之人⑤,	可叹路上那些人,
胡不比焉⑥?	为何不和我亲近?
人无兄弟,	谁人没有兄和弟,

胡不佽焉⑦？	为何不能帮我出困境？

【注释】

①杕(dì)：树木独特、孤独貌。杜：即俗所谓的棠梨树。

②湑湑(xǔ)：润泽而茂盛的样子。

③踽踽(jǔ)：独自行路孤独凄凉的样子。

④同父：指兄弟。

⑤嗟：悲叹声。行之人：道上行路之人。

⑥比：辅助。一说亲近。

⑦佽(cì)：帮助。

有杕之杜，	那棵独立棠梨树，
其叶菁菁①。	树上叶子青又青。
独行睘睘②，	我独自行走多孤独，
岂无他人？	难道没人同路行？
不如我同姓③。	不如同族兄弟那样亲。
嗟行之人，	可叹路上那些人，
胡不比焉？	为何不和我亲近？
人无兄弟，	谁人没有兄和弟，
胡不佽焉？	为何不能帮我出困境？

【注释】

①菁菁：茂盛的样子。

②睘睘(qióng)：孤独行走无依无靠的样子。

③同姓：同族兄弟。

羔裘

【题解】

对此诗有多种解释。一说是妇女责备丈夫或情人的诗。又说是贵族婢妾反抗主人的诗。《诗经原始》说:"刺在位不能恤民也。"朱熹说:"此诗不知所谓,不敢强解。"从诗的内容看,好像是女子谴责情人的诗。首句言"羔裘豹祛",大约这位男子地位变化了提高了,所以就对情人开始傲慢起来。情人向他声明:世界上难道再没人了,我非恋你不行? 只是因为你原先对我好。看来这位女子还是很重旧情的。

羔裘豹祛①,	你穿上豹皮袖口羔皮袍,
自我人居居②。	对我昂首傲视气焰高。
岂无他人?	难道世上没有别的人?
维子之故③。	只因你我是故交。

【注释】

①羔裘:羊皮袄。豹祛(qū):豹子皮做的袖口。祛,袖口。

②自:对于,对待。居居:同"倨倨",傲慢无礼貌。

③维:同"惟",只有。子:你,指对方。之:语助词。故:相好、爱恋的意思。

羔裘豹褎①,	你穿上豹皮镶袖羔皮袍,
自我人究究②。	对我态度傲慢不礼貌。
岂无他人?	难道世上没有别的人?
维子之好。	只因你多年对我好。

【注释】

① 褎：同"袖"。

② 究究：同"仇仇"，心怀恶意不可亲近的样子。《尔雅·释训》："居居、究究，恶也。"郝懿行《尔雅义疏》："此居居犹倨倨，不逊之意。故《诗·羔裘传》：居居，怀恶不相亲比之貌。"

鸨羽

【题解】

这首诗控诉繁重的徭役给人民带来的痛苦。《毛诗序》说："《鸨羽》，刺时也。昭公之后，大乱五世，君子下从征役，不得养其父母，而作是诗也。"说得很符合诗意。诗中讲一位农民，长年在外服役，不能在家耕作，家中田园荒芜，父母衣食无着。他焦急悲伤，无可奈何，只能高声呼喊苍天，发泄心中的愤懑。

肃肃鸨羽①，	野雁振翅沙沙响，
集于苞栩②。	落在丛生柞树上。
王事靡盬③，	国王差事没个完，
不能蓺稷黍④，	不能种植稷黍粮，
父母何怙⑤？	父母依靠什么养？
悠悠苍天⑥，	悠悠苍天在上方，
曷其有所⑦？	何时安居有地方？

【注释】

① 肃肃：鸟飞振翅声。鸨（bǎo）：俗名野雁，没有后趾，不便在树上

栖息,需不时扇动翅膀才能保持平衡,所以发出"肃肃"之声。

②集:止,栖息。苞:丛生。栩(xǔ):栎树,一名柞树。

③王事:国家摊派的差役。靡盬(gǔ):没有止息。

④蓺(yì):种植。

⑤怙(hù):依靠。

⑥悠悠:高远的样子。

⑦曷:何时。所:处所。

肃肃鸨翼,	野雁振翅沙沙响,
集于苞棘①。	落在丛生棘树上。
王事靡盬,	国王差事没个完,
不能蓺黍稷,	不能种植黍稷粮,
父母何食?	父母用何充饥肠?
悠悠苍天,	悠悠苍天在上方,
曷其有极?	服役期限有多长?

【注释】

①棘:酸枣树。

肃肃鸨行①,	野雁振翅沙沙响,
集于苞桑,	落在密密桑树上。
王事靡盬,	国王差事没个完,
不能蓺稻粱,	不能种植稻稷粮,
父母何尝②?	岂不饿坏我爹娘?
悠悠苍天,	悠悠苍天在上方,

曷其有常③?　　　　　　　　何时日子能正常?

【注释】

①行(háng):原指"翅根",引申为鸟翅。

②尝:吃。

③常:正常。

无衣

【题解】

根据高亨的说法,这是一首答谢赠衣的诗。他说:"有人赏赐或赠送作者一件衣服,作者作这首诗表示感谢。"《毛诗序》说:"《无衣》,美晋武公也。武公始并晋国,其大夫为之请命乎天子之使而作是诗也。"这是说晋武公手下的大夫,向周釐王请命,请赐予武公诸侯穿的七章命服。仔细推敲,高说似更符合诗意。

岂曰无衣?　　　　　　　　难道我没有衣服穿?

七兮①。　　　　　　　　　　我有衣服六七件。

不如子之衣②,　　　　　　　只是不如你送的衣服,

安且吉兮③。　　　　　　　　穿上舒适又美观。

【注释】

①七:七套衣服。此非实指,表示多套。

②子之衣:你赠送的衣服。

③安且吉:舒适而且好。

岂曰无衣？　　　　　　难道我没有衣服穿？
六兮①。　　　　　　　　我有衣服六七件。
不如子之衣，　　　　　只是不如你送的衣服，
安且燠兮②。　　　　　　穿上舒适又温暖。

【注释】

①六：即六套衣服。亦非实指。

②燠（yù）：暖。

有杕之杜

【题解】

　　此诗有三解：一求贤。《毛诗序》说："《有杕之杜》，刺晋武公也。武公寡特，兼其宗族，而不求贤以自辅焉。"朱熹《诗集传》说："此人好贤而恐不足以致之。"《诗经原始》说："自嗟无力致贤也。"二求食。或认为这是一首乞食者写的诗。三求爱。又有人认为这是一首情歌，女子追求自己喜爱的男子。仔细阅读推敲，似为求贤之声。

有杕之杜①，　　　　　有棵孤立棠梨树，
生于道左②。　　　　　生长道路的左侧。
彼君子兮，　　　　　　那位贤能的君子啊，
噬肯适我③？　　　　　肯不肯来亲近我？
中心好之④，　　　　　内心实在喜欢你，
曷饮食之⑤。　　　　　何不一起饮酒吃饭同欢乐。

【注释】

①杕(dì):树木独立貌。杜:棠梨树。

②道左:道路左侧。

③噬:语助词。一说同"曷",即何时。适:悦。

④中心:内心。

⑤曷:何不。或以为"何"。

有杕之杜,	有棵孤立棠梨树,
生于道周①。	生长道路的右侧。
彼君子兮,	那位贤能的君子啊,
噬肯来游?	肯不肯与我来游乐?
中心好之,	内心实在喜欢你,
曷饮食之。	何不一起饮酒吃饭同欢乐。

【注释】

①周:右。一说道路弯曲处。

葛生

【题解】

　　这是一首妻子悼念逝去丈夫的诗。诗人一面悼念死者,想象他在荒野荆榛之下独眠,一面想着自己从此独自面对长日寒夜的悲惨岁月,唯有死后与丈夫同穴,才是归属。全诗无一"思"字,但思念之情处处可见,读来令人酸楚。《毛诗序》说:"《葛生》,刺晋献公也。好攻战,则国人多丧矣。"《郑笺》:"丧,弃亡也。夫从征役,弃亡不反,则其妻居家而怨思。"诗中的"美"指其夫。此诗运用独白的方式,再加之独特的文字

结构和重章叠句的表现手法,表达对逝者深沉的爱和无限的怀念,感人
至深。

葛生蒙楚①,	葛藤覆盖荆树上,
蔹蔓于野②。	蔹草蔓延野地长。
予美亡此③,	我爱的人已离去,
谁与④?	谁人相伴他身旁?
独处⑤。	独自在那旷野躺。

【注释】

①蒙:覆盖。楚:荆条。

②蔹(liǎn):一种蔓生植物,俗称野葡萄,依附在树干上才能生存。
　蔓:蔓延。

③予美:我的爱人。亡:不在。此:人世间。

④谁与:谁和他在一起。指丈夫独眠地下。

⑤独处:独自居住。

葛生蒙棘,	葛藤覆盖棘树上,
蔹蔓于域①。	蔹草蔓延墓地旁。
予美亡此,	我爱的人已离去,
谁与?	谁人相伴他身旁?
独息。	独自安息野地上。

【注释】

①域:指墓地。

角枕粲兮①，　　　　　　角枕灿灿做陪葬，
锦衾烂兮②。　　　　　　锦被耀眼裹身上。
予美亡此，　　　　　　　我爱的人已离去，
谁与？　　　　　　　　　谁人相伴他身旁？
独旦③。　　　　　　　　独自一人到天亮。

【注释】

①角枕：死者用的以兽骨做装饰的枕头。粲：华美鲜明的样子。

②锦衾：装殓死者用的锦做的被子。

③独旦：独自到天亮。

夏之日，　　　　　　　　夏日白昼长，
冬之夜。　　　　　　　　冬天夜漫漫。
百岁之后，　　　　　　　等我百年后，
归于其居①。　　　　　　和你墓里见。

【注释】

①其居：死者坟墓。下文"其室"意同。

冬之夜，　　　　　　　　冬天夜漫漫，
夏之日。　　　　　　　　夏日白昼长。
百岁之后，　　　　　　　等我百年后，
归于其室。　　　　　　　回归你身旁。

采苓

【题解】

这是一首劝人不要听信谗言的诗。诗共三章,各以"采苓采苓,首阳之巅""采苦采苦,首阳之下""采葑采葑,首阳之东"作为起兴,要知道,苓是甘草,生长在干燥向阳的土地上,苦菜生长在田野泽薮,葑是芜菁,种植在菜园里,这三种菜在首阳山上都是采不到的。诗的开头就写了一些虚假的事,以此引起诗的主题:谗言不可信。而且反复吟唱,以达到劝诫的目的。《毛诗序》说:"《采苓》,刺晋献公也。献公好听谗焉。"方玉润驳斥说:"《序》谓刺晋献公好听谗言,盖指骊姬事也。然诗旨未露其意,安知其必为骊姬发哉?"诗中没有指出具体背景,只好阙如。此诗特点是通篇运用重句、重章的结构形式,通过反复吟唱来表达诗人的苦心孤诣。

采苓采苓①,	采甘草呀采甘草,
首阳之巅②。	首阳山顶石上采。
人之为言③,	有人专爱说谎话,
苟亦无信④。	千万不要去理睬。
舍旃舍旃⑤,	别听信呀别听信,
苟亦无然⑥。	他说的话没有真。
人之为言,	有人专爱说谎话,
胡得焉⑦?	只能害己又害人。

【注释】

①苓:旧以为甘草。一说为莲,苓,与"莲"通用。

②首阳:首阳山在今山西永济南,又名雷首山。或以为首阳山在平

阳(即今山西临汾)。

③为言:伪言,即虚假之言。为,通"伪"。

④苟:诚,确实。亦:语助词。无:勿,不要。

⑤舍旃(zhān):舍之,抛弃谎话。旃,之焉,代词。

⑥然:是。

⑦胡得:何得。

采苦采苦^①,　　　　　采苦菜呀采苦菜,

首阳之下。　　　　　　在那首阳山下找。

人之为言,　　　　　　有人凭空编瞎话,

苟亦无与^②。　　　　　千万别跟他结交。

舍旃舍旃,　　　　　　别听信呀别听信,

苟亦无然。　　　　　　他说的话不可靠。

人之为言,　　　　　　有人凭空编瞎话,

胡得焉?　　　　　　　害己害人瞎胡闹。

【注释】

①苦:即今人所谓的苦菜。

②与:许可,赞许。

采葑采葑^①,　　　　　采蔓菁呀采蔓菁,

首阳之东。　　　　　　首阳山东坡上瞧。

人之为言,　　　　　　有人信口说谎话,

苟亦无从^②。　　　　　千万不要跟他跑。

舍旃舍旃,　　　　　　别听信呀别听信,

苟亦无然。	他说的话不可靠。
人之为言，	有人信口说谎话，
胡得焉？	最终啥也捞不到。

【注释】

①葑：即芜菁，又叫蔓菁。

②从：听从。

秦风

秦原来是周的附庸。周宣王时,大夫秦仲奉命诛讨西戎,不克,被杀。平王东迁,秦仲之孙襄公护送有功,被封为诸侯,秦正式成为诸侯国。这时拥有了西都八百里之地,至玄孙德公又迁至雍,即今陕西凤翔。秦国所辖地区,大致包括今陕西中部和甘肃东南部。《秦风》就是这个地区的诗,共十篇,多写车马田猎之事,充满尚武精神,但也有《蒹葭》这样宛曲秀美的诗篇。

车邻

【题解】

这是一首反映秦国国君生活的诗。《毛诗序》:“《车邻》,美秦仲也。秦仲始大,有车马礼乐侍御之好焉。”《郑笺》:“君臣以闲暇燕饮相安乐也。”《诗序》认为是赞美秦仲的,秦仲是周宣王时的大夫,带兵诛讨西戎,不克,被杀。有人则认为是赞美秦襄公的。总之,这是赞美秦国国君的。和国君相见的人是他的臣子,君臣相见,欢若平生,鼓瑟吹笙,竭尽欢乐。方玉润认为:“《车邻》,美秦君简易易事也。”也有人认为这是一篇访友相见的乐歌。

有车邻邻①，　　　　　　车子跑起声辚辚，

有马白颠②。　　　　　　驾车马儿白额颠。

未见君子，　　　　　　　多时不见君子面，

寺人之令③。　　　　　　只等寺人把令传。

【注释】

①有：语助词。邻邻：通"辚辚"，车行声。

②白颠：马额正中有块白毛。也称戴星马。

③寺人：官名，宫内的小臣。《毛传》："寺人，内小臣也。"《郑笺》：
　　"欲见国君者，必先令寺人使传告之。"之令：是令。令，命令。

阪有漆①，　　　　　　　漆树生长在山坡，

隰有栗。　　　　　　　　低洼地里栗树多。

既见君子，　　　　　　　已经见到君子面，

并坐鼓瑟②。　　　　　　一起坐下弹琴瑟。

今者不乐③，　　　　　　现在行乐不及时，

逝者其耋④。　　　　　　转眼老迈有何乐。

【注释】

①阪：山坡。漆：漆树。

②并坐：同坐。鼓：弹奏。

③今者：现在。

④逝者：与"今者"相对，指将来，他日。耋(dié)：《释名》："八十曰
　　耋，耋，铁也，皮肤变黑色如铁也。"

阪有桑，	桑树生长在山坡，
隰有杨①。	低洼地里杨树多。
既见君子，	已经见到君子面，
并坐鼓簧②。	一起坐下吹笙簧。
今者不乐，	现在行乐不及时，
逝者其亡③。	时光逝去命即亡。

【注释】

①杨：古杨柳通名，柳也称"杨"。

②簧：古乐器名。大笙。

③亡：死亡。

驷驖

【题解】

这是一首描写秦君打猎的诗。诗篇如一幅狩猎图，表现了秦人的尚武精神。宋人戴溪说："是诗首章言马之良，御之之善，人之妩媚也；次章言兽之硕大，田之合礼，公之善射也；末章言田事既毕，不淫于猎，按辔徐行，四马安闲，轻车鸣鸾，田犬休息。国人始见诸侯文物车马羽旄之盛，故夸张而美之也。"（《续吕氏家塾读诗记》）方玉润也认为此诗"美田猎之盛"。《毛诗序》说："《驷驖》，美襄公也。始命有田狩之事，园囿之乐焉。"《郑笺》："始命，命为诸侯也。秦始附庸也。"所说美襄公，实际是赞美襄公田狩之事，较符合事实。襄公因功被封为诸侯，遂拥有周西都畿内岐、丰八百里之地，诗中的北园即在其间。

驷驖孔阜①，	四匹黑马肥又壮，

六辔在手② 。	御者手握六条缰。
公之媚子③ ，	秦公最爱的公子，
从公于狩④ 。	随公打猎去猎场。

【注释】

①驷驖(tiě)：四匹铁色的马。驖，赤黑色的马。孔：特别，非常。阜
（fù）：肥大，强壮。

②六辔：六条缰绳。一车四马，中间两匹服马各一条缰绳，旁边两
骖马各两条缰绳，共六条缰绳，便于控制方向。

③公：指秦君，也即秦襄公。媚子：爱子，指秦君喜爱的儿子。一说
秦襄公宠爱的人。

④狩：打猎。《毛传》："冬猎曰狩。"

奉时辰牡① ，	苑官轰出成年兽，
辰牡孔硕。	肥壮公兽四处跑。
公曰左之② ，	秦公指挥向左赶，
舍拔则获③ 。	箭发猎物应弦倒。

【注释】

①奉：供奉，这里指北园的兽官驱赶出群兽以供秦君来射。时：是，
此。辰牡：即五岁的公兽。这里指大的公兽。

②左之：向左追赶。

③舍拔：放箭。即放开手指钩住的箭尾，把箭射出。舍，放。拔，箭
尾。获：指获得猎物。

| 游于北园， | 猎毕再去游北园， |

四马既闲^①。	四马脚步自悠闲。
輶车鸾镳^②，	轻车鸾铃声悠扬，
载猃歇骄^③。	猎犬歇息车中央。

【注释】

①闲：暇闲，安闲。

②輶（yóu）车：田猎所用的轻便的车。鸾镳（biāo）：鸾是嚼子两端系的小铃。镳，即马嚼子。

③载：指以车载犬（让猎狗休息）。朱熹《诗集传》："以车载犬，盖以休其足力也。"猃：长咀狗。或以为短咀狗。歇骄：指歇犬骄逸之足。

小戎

【题解】

这是一首妻子思念远征西戎丈夫的诗。从这位征夫的车马、兵器的华美来看，这位丈夫大概是随秦襄公征西戎的贵族。全诗以借物喻人的手法，含蓄地夸耀丈夫的英武。轻便华贵的战车，肥壮威风的战马，整齐配套的兵器，显示出其丈夫的尊贵和威武。《毛诗序》说："《小戎》，美襄公也。备其兵甲以讨西戎，西戎方强而征伐不休，国人则矜其车甲，妇人能闵其君子焉。"认为是赞美秦襄公的。方玉润认为是"怀西征将士"之诗。批评《毛诗序》所言"国人则矜其车甲，妇人能闵其君子焉"是"一诗两义，中间并无递换，上下语气全不相贯，天下岂有此文义"，认为不是赞美秦襄公，而是秦襄公"怀西征将士"之诗。此说也可商榷，因"言念君子""厌厌良人"等语均为女子口吻，我们认为还是解为思妇之词为好。

小戎俴收①，	战车轻小车厢浅，
五楘梁辀②，	五根皮条缠车辕。
游环胁驱③。	游环胁驱马背拴，
阴靷鋈续④，	拉车皮带穿铜环。
文茵畅毂⑤，	坐垫纹美车毂长，
驾我骐馵⑥。	驾着花马鞭儿扬。
言念君子⑦，	思念夫君人品好，
温其如玉⑧。	温和就像玉一样。
在其板屋⑨，	住在木板搭的房，
乱我心曲⑩。	让我心烦又忧伤。

【注释】

①小戎：小兵车。兵士所乘。俴（jiàn）：浅。收：车后横木，即轸。周代的车，左右前后均有箱板，后面的板可以放下，以方便人上下，名曰"轸"，也叫"收"。大车轸深八尺八寸，兵车轸深四尺四寸，故曰"小戎俴收"。

②楘（mù）：箍，环形，用革或铜制作。辀（zhōu）：车辕。周代的一种弓形曲辕，叫作"辀"，辀似木梁，所以说"梁辀"。辀上有五个箍，即所说的"五楘"。

③游环：收束马缰绳的能够活动的皮环。胁驱：驾马具，以皮革制成。一车有四马，外两马称"骖"，中间两马称"服"。服马外的绳索，前系在勾衡上，后拴在车轸上，以阻止骖马入辕中。因在服马外胁傍，所以叫"胁驱"。《毛传》："胁驱，慎驾具，所以止入也。"

④阴：车轼前的横板，又名"揜轨"。靷（yǐn）：引车前行的皮带或绳索。前端系于骖马之颈，后端系于车轴或阴板上。今俗谓之曳

绳。因绳系在车底,所以称"阴靷"。鋈(wù)续:靷端作环相接叫
"续",此环以白铜制成,称"鋈续"。

⑤文茵(yīn):有花纹的车子坐垫,或用虎皮,故称"文茵"。畅:长。
毂(gǔ):车轮中心的圆木,外持辐,内受轴。

⑥骐馵(zhù):马青黑色相间叫"骐马"。左后足白色叫"馵"。

⑦言:语助词。君子:这里是妇人称其丈夫。

⑧温其:即"温然",温和貌。美玉是温和的,俗称"温玉"。

⑨在其板屋:此句是诗人想象其丈夫在外居住的情形。《汉书·地
理志》:"天水郡陇西,山多林木,民以板为室屋。故秦诗曰:'在
其板屋。'"板屋,西戎民俗用木板建房屋。

⑩心曲:心灵深处,即心田。

四牡孔阜①,　　　　四匹雄马健又壮,
六辔在手。　　　　驭手握着六条缰。
骐骝是中②,　　　　青马红马在中间,
䯄骊是骖③。　　　　黄马黑马在两旁。
龙盾之合④,　　　　龙纹盾牌并一起,
鋈以觼軜⑤。　　　　铜环辔绳串成行。
言念君子,　　　　思念夫君人品好,
温其在邑⑥。　　　　他在家时多温暖。
方何为期⑦,　　　　何时是他归来日,
胡然我念之⑧。　　　让我对他长思念。

【注释】

①四牡:四匹公马。孔阜:特别壮盛。

②骝(liú):同"𬴂",红黑色的马。是中:即"为中",中间驾辕的两马,

又称"服马"。

③骐骊(guā lí)：身体浅黄而嘴黑的马叫"骐"，黑色的马叫"骊"。

④龙盾：画有龙纹的盾牌。合：两盾合在一处放在车上。朱熹《诗集传》："画龙于盾，合两载之，以为车上之卫。必载二者，备破毁也。"

⑤觼(jué)：有舌的环。軜(nà)：骖马靠里边的辔。这句是说骖马内辔的环是用白铜装饰的。

⑥邑：郡邑，指家乡。

⑦方：将。期：归期。

⑧胡然：为什么。

俴驷孔群①，	四马轻身步协调，
厹矛鋈錞②。	三棱矛柄镶铜套。
蒙伐有苑③，	巨大盾牌花纹美，
虎韔镂膺④。	虎皮弓套镂金雕。
交韔二弓⑤，	两弓交错插袋中，
竹闭绲縢⑥。	弓檠夹弓绳缠绕。
言念君子，	思念夫君人品好，
载寝载兴⑦。	若醒若睡心焦躁。
厌厌良人⑧，	安静柔和好夫君，
秩秩德音⑨。	彬彬有礼声誉高。

【注释】

①俴驷：不披甲的四匹马。不着甲叫"俴"。孔群：非常协调。

②厹(qiú)矛：三棱刃的矛，长一丈八尺。鋈錞(duì)：用白铜装饰的矛端。錞，方玉润《诗经原始》："茅底端平曰錞。"

③蒙:在盾上刻杂羽的花纹。伐:通"瞂",中等大小的盾。有苑:花
纹貌。

④虎帐(chàng):虎皮作的弓套。镂膺:金饰弓套的正面。

⑤交帐二弓:两张弓交错插于弓套中。所以备二弓,是预防有坏。
朱熹《诗集传》:"交帐,交二弓于帐中,谓颠倒安置之。必二弓,以
备坏也。"

⑥竹闭绲滕(gǔn téng):此句是说用绳子将竹闭捆扎在需要校正的
弓上。竹闭,竹制的校正弓弩的工具。绲,绳。滕,捆扎。

⑦载寝载兴:此句言起来又睡下,睡下又起来,反复不能入睡。载,
语助词。

⑧厌厌:安静柔和貌。

⑨秩秩:有序貌,谓其懂礼节有教养。德音:好声誉。

蒹葭

【题解】

这是一首写追求心中思慕的人而不可得的诗。思慕的是谁呢? 历
来众说纷纭。一说是思念贤才的,一说是招求隐士的,还有认为是想念
朋友或追求情人的,这些说法都在似与不似之间。朱熹的说法则比较
客观,他说:"言秋水方盛之时,所谓彼人者,乃在水之一方,上下求之而
皆不可得。然不知其何所指也。"(《诗集传》)解释不清就阙疑,这才是
实事求是的态度。此诗写景凄清优美,写人虚无缥缈,全诗无一个"思"
字、"愁"字、"求"字,但其中那企慕之情和惆怅之思却表达得非常充分。
方玉润《诗经原始》说:"此诗在《秦风》中气味绝不相类,以好战乐斗之
邦,忽遇高超远举之作,可谓鹤立鸡群,倏然自异者矣。"全诗意境飘逸,
神韵悠长,从文学角度看,实在是一首不可多得的诗歌佳作。

蒹葭苍苍①，	河畔芦苇碧苍苍，
白露为霜②。	深秋白露结成霜。
所谓伊人③，	我所思念的人儿，
在水一方④。	就在水的那一方。
溯洄从之⑤，	逆着水流沿岸找，
道阻且长⑥。	道路艰险又漫长。
溯游从之⑦，	顺着水流沿岸找，
宛在水中央⑧。	仿佛在那水中央。

【注释】

①蒹(jiān)：没长穗的芦苇。葭(jiā)：初生的芦苇。苍苍：茂盛的样子。

②白露：露水是无色的，因凝结成霜呈现白色，所以称"白露"。

③所谓：所说的。伊人：这个人。

④一方：那一边，指对岸。

⑤溯(sù)：沿着岸向上游走。洄(huí)：逆流而上。从：跟踪追寻。

⑥阻：险阻。

⑦游：流，指直流的水道。

⑧宛：仿佛，好像。

蒹葭凄凄①，	河畔芦苇密又繁，
白露未晞②。	太阳初升露未干。
所谓伊人，	我所思念的人儿，
在水之湄③。	就在水的那一边。
溯洄从之，	逆着水流沿岸找，

道阻且跻④。	道路险阻难登攀。
溯游从之，	顺着水流沿岸找，
宛在水中坻⑤。	仿佛在那水中岛。

【注释】

①凄凄：通"萋萋"，茂盛的样子。

②晞（xī）：干。

③湄（méi）：岸边。

④跻（jī）：地势渐高。

⑤坻（chí）：水中小岛。

蒹葭采采①，	河畔芦苇密又稠，
白露未已。	早露犹在未干透。
所谓伊人，	我所思念的人儿，
在水之涘②。	就在水的那一头。
溯洄从之，	逆着水流沿岸找，
道阻且右③。	道路险阻弯又扭。
溯游从之，	顺着水流沿岸找，
宛在水中沚④。	仿佛在那水中洲。

【注释】

①采采：众多的样子。

②涘（sì）：水边。

③右：道路向右边弯曲。

④沚（zhǐ）：水中的小块陆地。

终南

【题解】

这是一首劝诫秦君的诗。《毛诗序》说:"《终南》,戒襄公也。能取周地,始为诸侯,受显服,大夫美之,故作是诗以戒劝之。"秦襄公战胜犬戎之后,平王东迁,封襄公为诸侯,将故都长安一部分土地赐给秦国。周的遗民也成为秦国之民。此诗大概就是周的遗民所写。劝诫秦君永远不要忘记周天子之赐,要当好一国之君,修德以副民望,如山之有木,然后才能成山之高。

终南何有①?	终南山上何所有?
有条有梅②。	茂盛山楸和梅树。
君子至止③,	今日君子来到此,
锦衣狐裘④。	锦绣衣服罩狐裘。
颜如渥丹⑤,	满脸红润像涂丹,
其君也哉?	这是我们的君主?

【注释】

①终南:山名,在今陕西西安南,是秦岭主峰之一。毛苌曰:"终南,周之名山中南也。"

②条:山楸。其木材理好,宜做车版。梅:即今之梅树。一说指楠树。

③至止:到来。止,之。

④锦衣狐裘:诸侯所穿之服。《郑笺》:"诸侯狐裘,锦衣以褆之。"

⑤颜:容颜。渥丹:涂饰红色。形容脸色红润。

终南何有？　　　　终南山上何所有？

有纪有堂①。　　　　珍贵杞树和甘棠。

君子至止，　　　　今日君子到这里，

黻衣绣裳②。　　　　青黑花纹五彩裳。

佩玉将将③，　　　　身上佩玉叮当响，

寿考不忘④。　　　　天朝恩情永勿忘。

【注释】

①纪："杞"的假借字，即杞树。堂："棠"的假借字，指棠梨树。

②黻(fú)衣：黑青色花纹相间的上衣。绣裳：五彩花纹的下裳。这
都是当时贵族穿的衣服。《毛传》："黑与青谓之黻，五色备谓
之绣。"

③将将：同"锵锵"，佩玉相击撞的响声。

④寿考不忘：意为到老也不要忘记。寿考，长寿。

黄鸟

【题解】

这是秦人哀悼为秦穆公殉葬的"三良"的诗。据《史记·秦本纪》记
载：秦穆公卒，"从死者百七十七人，秦之良臣子舆氏三人名曰奄息、仲
行、铖虎，亦在从死之中。秦人哀之，为作歌《黄鸟》之诗"。《毛诗序》
说："《黄鸟》，哀三良也。国人刺穆公以人从死，而作是诗也。""良人"指
道德高尚或才能出众的人，秦国竟用这样的人去殉葬，更证明殉葬制的
残暴和灭绝人性。这一制度此时受到人们的质询和反对，说明民众在
觉醒，社会在进步。读此诗，我们可以感受到一种悲惨、压抑、恐怖的气
氛，更可感到民众对那可恶君主的痛恨，对死去良人的痛惜和哀挽。

交交黄鸟①，	小黄鸟儿交交鸣，
止于棘②。	飞来落在枣树丛。
谁从穆公③？	谁从穆公去殉葬，
子车奄息④。	子车奄息是他名。
维此奄息，	说起这位奄息郎，
百夫之特⑤。	才德百人比不上。
临其穴⑥，	人们走近他墓穴，
惴惴其栗⑦。	浑身战栗心哀伤。
彼苍者天，	浩浩苍天在上方，
歼我良人⑧！	杀我好人不应当。
如可赎兮，	如果可以赎他命，
人百其身⑨！	愿以百人来抵偿。

【注释】

①交交：鸟叫声。黄鸟：黄雀。

②止：停，落。棘：酸枣树。黄雀落在棘、桑、楚等小树上，指不得其
所。还有一种解释：棘，指紧急；桑，指悲伤；楚，指痛楚。均为双
关意。可参考。

③从：从死，指殉葬。穆公：秦国国君。

④子车奄息：人名，子车为姓。

⑤特：匹配。

⑥穴：墓穴。

⑦惴惴(zhuì)：害怕的样子。栗：战栗，发抖。

⑧良人：好人，善人。

⑨人百其身：用百人赎他一人。

交交黄鸟，　　　　　　　　小黄鸟儿交交鸣，
止于桑。　　　　　　　　　飞来落在桑树上。
谁从穆公？　　　　　　　　谁从穆公去殉葬，
子车仲行。　　　　　　　　子车仲行有声望。
维此仲行，　　　　　　　　说起这位仲行郎，
百夫之防①。　　　　　　　才德百人难比量。
临其穴，　　　　　　　　　人们走近他墓穴，
惴惴其栗。　　　　　　　　浑身战栗心哀伤。
彼苍者天，　　　　　　　　浩浩苍天在上方，
歼我良人！　　　　　　　　杀我好人不应当。
如可赎兮，　　　　　　　　如果可以赎他命，
人百其身！　　　　　　　　愿以百人来抵偿。

【注释】

①防：比并，相当。

交交黄鸟，　　　　　　　　小黄鸟儿交交鸣，
止于楚。　　　　　　　　　飞来落在荆树上。
谁从穆公？　　　　　　　　谁从穆公去殉葬，
子车铖虎。　　　　　　　　子车铖虎是他名。
维此铖虎，　　　　　　　　说起这位铖虎郎，
百夫之御①。　　　　　　　百人才德没他强。
临其穴，　　　　　　　　　人们走近他墓穴，
惴惴其栗。　　　　　　　　浑身战栗心哀伤。

彼苍者天， 歼我良人！ 如可赎兮， 人百其身！	浩浩苍天在上方， 杀我好人不应当。 如果可以赎他命， 愿以百人来抵偿。

【注释】

①御：当。

晨风

【题解】

　　此诗有三解：一，这是一首妻子思念丈夫的诗。她的丈夫出门在外，久不归家，妻子既想念他，又担心他另有新欢而忘了自己，因而作诗表达思念与哀怨之情。朱熹《诗集传》说："此与《庬廖之歌》同意，盖秦俗也。"《庬廖之歌》为百里奚妻作。百里奚在楚为人牧牛，秦穆公用五羊皮赎之，至秦为相。其妻为相府庸，因作此歌。其词曰："百里奚，五羊皮。忆别时，烹伏雌（母鸡），炊庬廖（门柱）。今日富贵忘我为。"朱熹认为这是妇女担心丈夫富贵忘记自己的诗。二，讽刺秦康公不能任用贤人的诗。《毛诗序》说："《晨风》，刺康公也。忘穆公之业，始弃其贤臣焉。"《毛传》："先君招贤人，贤人往之，骏疾如晨风之飞入北林。"《郑笺》："先君谓穆公。""言穆公始未见贤者之时，思望而忧之。"三，方玉润采取阙疑的态度。《诗经原始》说："今观诗词，以为'刺康公'者固无据，以为妇人思夫者亦未足凭。总之，男女情与君臣义原本相通，诗既不露其旨，人固难以意测，与其妄逞臆说，不如阙疑存参。"

鴥彼晨风①，	晨风鸟儿疾飞翔，

郁彼北林②。　　　　　　飞回北林茂树上。

未见君子，　　　　　　许久未见我夫君，

忧心钦钦③。　　　　　　忧心忡忡时刻想。

如何如何④？　　　　　　怎么办啊怎么办？

忘我实多！　　　　　　难道他已把我忘！

【注释】

①鴥(yù)：鸟疾飞的样子。晨风：鸟名，或作"鹯风"，属于鹰鹯一类
　猛禽。

②郁：茂盛的样子。

③钦钦：忧愁而不能忘记的样子。

④如何：奈何，怎么办。

山有苞栎①，　　　　　　丛丛栎树满山冈，

隰有六驳②。　　　　　　成片赤李湿地长。

未见君子，　　　　　　许久未见我夫君，

忧心靡乐。　　　　　　愁闷不乐天天想。

如何如何？　　　　　　怎么办啊怎么办？

忘我实多！　　　　　　难道他已把我忘！

【注释】

①苞：丛生的样子。栎(lì)：树名。

②六：表示多数，非确指。驳(bó)：树木名，又叫赤李。

山有苞棣①，　　　　　　丛丛棣树满山冈，

隰有树檖②。	茂盛檖树湿地长。
未见君子,	许久未见我夫君,
忧心如醉。	心如醉酒魂魄亡。
如何如何?	怎么办啊怎么办?
忘我实多!	难道他已把我忘!

【注释】

①棣(dì):木名,又名唐棣、郁李。

②树:直立的样子。檖(suì):山梨。

无衣

【题解】

这是一首秦地的军中战歌,大概写的是秦民奉周王之命抗击犬戎的事。全诗充满了慷慨激昂、豪迈乐观及热情互助的精神,表现出舍生忘死、英勇抗敌、保卫家园的勇气。这种精神和勇气是我们中华民族宝贵的精神财富,值得永远继承和发扬。《毛诗序》说:"《无衣》,刺用兵也。秦人刺其君好攻战,亟用兵,而不与民同欲焉。"细读此诗,看不出有讽刺意味,《序》说恐不合诗意。据王先谦《诗三家义集疏》曰:"《汉书·赵充国辛庆忌传赞》:山西天水、安定、北地,处势迫近羌胡,民俗修习战备,高尚勇力鞍马骑射。故秦诗曰:'王于兴师,修我甲兵,与子皆行。'其风声气俗自古而然。今之歌谣慷慨,风流犹存耳。"大致概括出秦诗的特色。

岂曰无衣?	谁说我们没衣裳,
与子同袍①。	战袍共同伙着穿。

王于兴师②,　　　　　　国王兴兵要征讨,
修我戈矛。　　　　　　　赶快修好戈和矛。
与子同仇!　　　　　　　你我一同把仇报。

【注释】

①袍:长衣。就是斗篷,白天当衣,夜里当被。

②王:指周天子。一说指秦国国君。于:语助词。兴师:起兵。

岂曰无衣?　　　　　　　谁说我们没衣裳,
与子同泽①。　　　　　　汗衫共同伙着穿。
王于兴师,　　　　　　　国王兴兵要征讨,
修我矛戟。　　　　　　　赶快修好戟和矛。
与子偕作②!　　　　　　你我并肩对敌寇。

【注释】

①泽:同"襗",贴身内衣。

②作:起。

岂曰无衣?　　　　　　　谁说我们没衣裳,
与子同裳①。　　　　　　战裙共同伙着穿。
王于兴师,　　　　　　　国王兴兵要征讨,
修我甲兵。　　　　　　　赶快修好铠甲刀。
与子偕行!　　　　　　　你我同行去战斗。

【注释】

①裳：下衣，战裙。

渭阳

【题解】

　　这是一首外甥送别舅舅的送别诗。据诗中所说，外甥送给舅舅的礼物是"路车乘黄""琼瑰玉佩"，即一辆路车、四匹黄马和珠宝美玉。这些东西都是非常贵重的，非一般平民所能拥有。因此有人说，这个外甥是秦穆公的儿子秦康公，其时还是太子。舅舅即是有名的晋文公重耳。《毛诗序》说："《渭阳》，康公念母也。康公之母，晋献公之女也。文公遭丽姬之难，未反而秦姬卒，穆公纳文公。康公时为太子，赠送文公于渭之阳，念母之不见也，我见舅氏，如母存焉。及其即位，思而作是诗也。"王先谦《诗三家义集疏》案曰："赠送文公，乃康公为太子时事，似不必即位后方作诗，鲁、韩不言，不可从也。"《序》说"康公念母"也有一定道理。诗中"悠悠我思"包含的感情很丰富，思母之情即在其中。方玉润评论此诗说："见舅思母，人情之常。……盖'悠悠我思'句，情真意挚，往复读之，悱恻动人，故知其有无限情怀也。"又说："诗格老当，情致缠绵，为后世送别之祖。"的确，杜甫诗"寒空巫峡曙，落日渭阳情"、储光羲诗"停车渭阳暮，望望入秦京"，用的典故，就是《渭阳》一诗。可见此诗影响之深远。

我送舅氏，	我送舅舅，
曰至渭阳①。	送到渭阳。
何以赠之？	什么礼物送给他？
路车乘黄②。	一辆路车四匹马。

①渭：渭水。阳：河流的北面。

②路车：古代诸侯乘的车。乘（shèng）黄：四匹黄马。

<table>
<tr><td>我送舅氏，</td><td>我送舅舅，</td></tr>
<tr><td>悠悠我思①。</td><td>思绪长长。</td></tr>
<tr><td>何以赠之？</td><td>什么礼物送给他？</td></tr>
<tr><td>琼瑰玉佩②。</td><td>美玉饰品身上挂。</td></tr>
</table>

【注释】

①悠悠：思绪长久。我思：自己思念舅舅。一说康公送舅舅时，联
　　想到自己的母亲。

②琼瑰：美玉。

权舆

【题解】

《毛诗序》说："《权舆》，刺康公也。忘先君之旧臣与贤者，有始而无
终也。"三家诗无异议。方玉润《诗经原始》评论说："贤者去就，只争礼
貌间耳。而此诗所较，不过区区安居铺歠事，恐非贤者志也。……盖贤
者每欲微罪行，不欲为苟去，恐张君过耳。康公之失，当不止是故，贤者
藉是乘机而作也。不然，食至无余，而且不饱，康公礼貌纵衰，何至此极
耶？"这是说康公可能有更大的问题，才使贤者离去，说吃不饱只是借口
而已。这是方氏的理解。后来还有研究者认为这是没落贵族在叹息生
活今不如昔。

於^①，我乎！　　　　　　　　唉，我呀！

夏屋渠渠^②，　　　　　　　　从前住在高楼大厦之中，

今也每食无余。　　　　　　　而今每顿饭都吃得一干二净。

於嗟乎^③！　　　　　　　　　　唉呀呀！

不承权舆^④！　　　　　　　　再不能重见当初的光景！

【注释】

①於（wū）：叹词。

②夏屋：大屋。《毛传》："夏，大也。"渠渠：屋子高大宽敞貌。

③於嗟乎：悲叹声。於，同"吁"。

④承：继承。权舆：当初。方玉润《诗经原始》："胡氏一桂曰：作量
　　自权始，以准量由此而生；造车自舆始，以盖轸由此而起，故谓始
　　曰权舆。"

於，我乎？　　　　　　　　　　唉，我呀！

每食四簋^①，　　　　　　　　从前每顿饭都是四盘佳肴，

今也每食不饱。　　　　　　　而今每顿饭都不能吃饱，

於嗟乎！　　　　　　　　　　唉呀呀！

不承权舆。　　　　　　　　　再不能重见当初的美好！

【注释】

①簋（guǐ）：古代的盛食具，圆形，有耳。

陈风

"陈风"即陈地的乐调。陈国在今河南淮阳、柘城和安徽亳州一带。武王克商后,将帝舜的后人妫满封到这里,是为胡公,并把自己的大女儿大姬嫁给了胡公。其地在诸夏之南,与吴楚之地为邻,土地平旷,无名山大川。此地人性平缓,崇信巫鬼,少北方刚烈之气,多南方绮靡之风。今存诗十篇,多为东周以后作品,以描写婚恋习俗与歌舞之作为多。

宛丘

【题解】

《毛诗序》说:"《宛丘》,刺幽公也。淫荒昏乱,游荡无度焉。"朱熹对此持怀疑态度。他说:"幽公但以谥恶,故得游荡无度之诗,未敢信也。"郑玄《诗谱》云:"大姬无子,好巫觋祷祈鬼神歌舞之乐,民俗化而为之。"这是说大姬的爱好影响到民俗,以致陈地巫风盛行,爱好歌舞。所以这些巫女不论冷天热天都在宛丘跳舞,她们手持羽扇,在鼓声的伴奏下,翩翩起舞。此诗可能描写的就是一名男子爱上在宛丘跳舞的巫女的情景。男子心中虽然充满爱慕之情,且自知这种感情是没有结果的,但他仍很欣赏女子婉转多姿的舞态。女子无论寒冬酷暑都在为人们祝祷而舞,想来男子也没有停止他欣赏的眼神吧!

子之汤兮①,	你舞姿回旋荡漾,
宛丘之上兮②。	舞动那宛丘之上。
洵有情兮③,	我真心爱慕你啊,
而无望兮。	只可惜没有希望。

【注释】

①子:你。此指跳舞的巫女。汤:通"荡",这里指舞动的样子。

②宛丘:陈国地名,是游览之地。

③洵:确实。

坎其击鼓①,	敲得鼓儿咚咚响,
宛丘之下。	舞动宛丘平地上。
无冬无夏,	无论寒冬与炎夏,
值其鹭羽②。	洁白鹭羽手中扬。

【注释】

①坎其:即"坎坎",描写击鼓、击缶之声。

②值:指持或戴。鹭羽:用鹭鸶鸟的羽毛制成的饰物。

坎其击缶①,	敲起瓦缶当当响,
宛丘之道。	舞动宛丘大道上。
无冬无夏,	无论寒冬与炎夏,
值其鹭翿②。	鹭羽饰物戴头上。

【注释】

①缶(fǒu)：瓦质的打击乐器。

②鹭翿(dào)：用鹭羽制成的舞具。

东门之枌

【题解】

《毛诗序》说："《东门之枌》，疾乱也。幽公淫荒，风化之所行，男女弃其旧业，亟会于道路，歌舞于市井尔。"朱熹《诗集传》说："此男女聚会歌舞，而赋其事以相乐也。"认为不是刺幽公。我们认为这是一首描写青年男女相爱、聚会歌舞、相互赠答的情歌。聚会时，妇女们都放下了手中的活儿，来到这里跳舞，青年男女相互赠答，通篇洋溢着欢快活泼的气氛。旧说以为是在"枌栩之下歌舞以娱神"（颜师古）或"起学巫祝，鼓舞事神"（东汉王符《潜夫论》）。

东门之枌①，　　　　　东门外白榆粗壮，
宛丘之栩②。　　　　　宛丘上栎树成行。
子仲之子③，　　　　　子仲家的好姑娘，
婆娑其下④。　　　　　树下翩翩起舞忙。

【注释】

①东门：指陈国的城门，地近宛丘。枌(fén)：白榆树。

②栩(xǔ)：栎树。

③子仲：姓氏。

④婆娑：跳舞时旋转摇摆的样子。

穀旦于差①，　　　　　　　　挑选一个好日子，

南方之原②。　　　　　　　　同到南边高原上。

不绩其麻③，　　　　　　　　不再忙碌织麻线，

市也婆娑④。　　　　　　　　闹市那里舞一场。

【注释】

①穀旦：即"吉日"，好日子。于：语助词。差（chāi）：选择。

②原：高平之地，即原野。即上章"东门""宛丘"之地。

③绩：纺。

④市：街市，人杂聚的地方。

穀旦于逝①，　　　　　　　　美好日子同前往，

越以鬷迈②。　　　　　　　　众人集队排成行。

视尔如荍③，　　　　　　　　看你像那锦葵花，

贻我握椒④。　　　　　　　　赠我一把花椒香。

【注释】

①逝：往。趁好日子前往欢聚。

②越以：发语词。同"于以"。鬷（zōng）：众。迈：行。

③荍（qiáo）：草名，即锦葵。似芜菁，花色多种，一般为粉红的或深
　　紫色。

④贻：赠送。握椒：指成把的花椒。

衡门

【题解】

这首诗表现了一种安贫寡欲的思想。但诗中主人公是什么人？有的认为是一位没落贵族，破落后以此自我安慰。有的说是一位失恋者，找不到理想对象，降低了要求。读者可自己体味。《毛诗序》说："《衡门》，诱僖公也。愿而无立志，故作是诗以诱掖其君也。"方玉润《诗经原始》反驳说："僖公，君临万民者也。纵愿而无立志，诱之以政焉而进于道也可，奈何以无求于世之志劝之？岂非所诱反其所望乎？"反驳得很正确。郭沫若《中国古代社会研究》说："这首诗也是一位饿饭的破落贵族作的。他吃鱼本来有吃河鲂河鲤的资格，……但是贫穷了，吃不起了。他娶妻本来有娶齐姜、宋子的资格，但是贫穷了，娶不起了。娶不起，吃不起，偏偏要说两句漂亮话，这正是破落贵族的根性。"郭氏分析也很有道理。

衡门之下①，　　　　　横木做门简陋屋，
可以栖迟②。　　　　　可以栖身可以住。
泌之洋洋③，　　　　　泌水清清长流淌，
可以乐饥④。　　　　　清水也可充饥肠。

【注释】

①衡门：横木为门。这里指简陋的房屋。一说为城门之名。

②栖迟：休息。

③泌：水名。指陈国泌邱的泉水名。洋洋：水盛的样子。

④乐饥：疗饥，充饥。《鲁诗》《韩诗》"乐"作"疗"。

岂其食鱼，	难道我们要吃鱼，
必河之鲂①？	黄河鲂鱼才算香？
岂其取妻，	难道我们要娶妻，
必齐之姜②？	非娶齐国姜姑娘？

【注释】

①鲂：鱼名，鱼中味美者。

②齐之姜：齐国姓姜的贵族女子。

岂其食鱼，	难道我们要吃鱼，
必河之鲤？	黄河鲤鱼才可尝？
岂其取妻，	难道我们要娶妻，
必宋之子①？	非娶宋国子姑娘？

【注释】

①宋之子：宋国子姓的贵族女子。

东门之池

【题解】

这是一首男子向女子求爱的歌。通篇只表达爱慕不已之意，反复道之。以池可浸物，兴人可快心。《毛诗序》说："《东门之池》，刺时也。疾其君之淫昏，而思贤女以配君子也。"崔述《读风偶识》反驳说："沤麻沤苧，绝不见有淫昏之意。即使君果淫昏，亦当思得贤臣以匡正之，何至望之女子？"可见《序》说与诗意不符。朱熹认为："此亦男女会遇之辞。盖因其会遇之地、所见之物,以起兴也。"得诗之旨。

东门之池^①,　　　　　东门外面护城池,
可以沤麻^②。　　　　　可以用作沤麻塘。
彼美淑姬^③,　　　　　美丽善良三姑娘,
可与晤歌^④。　　　　　可以和她相对唱。

【注释】

①池:水池。《毛传》:"池,城池也。"马瑞辰《毛诗传笺通释》:"古者
　有城必有池,《孟子》'凿斯池也,筑斯城也'是也。池皆设于城
　外,所以护城。"即"池"为护城河。

②沤麻:将新割的麻浸在水中。沤,浸泡。麻经过水泡,才能剥下
　麻皮,用以织麻布。

③淑姬:淑,善,美。姬,周之姓。一说当从别本作"叔姬"。叔,指
　排行第三。

④晤歌:相对唱歌,即对歌。《毛传》:"晤,遇也。"

东门之池,　　　　　东门外面护城池,
可以沤纻^①。　　　　　可以用作沤纻塘。
彼美淑姬,　　　　　美丽善良三姑娘,
可与晤语^②。　　　　　可以聊天话家常。

【注释】

①纻(zhù):麻属,纤维可以织布。

②晤语:对话。

东门之池，　　　　　东门外面护城池，
可以沤菅①。　　　　可以用作浸纻塘。
彼美淑姬，　　　　　美丽善良三姑娘，
可与晤言。　　　　　可以和她诉衷肠。

【注释】

①菅：草名，芦荻一类的草，其茎浸渍剥取后可以编草鞋。

东门之杨

【题解】

　　这是一首写男女约会而久候不至的诗。诗的画面很美，东门之外，白杨枝叶繁茂，风吹树叶沙沙作响；天上星斗满天，星光明亮闪烁。在这样的黄昏夜晚，有情人能够相会是一件多么惬意的赏心乐事啊！可惜心爱的人却没有如约而至，多么让人失望。短短的八句诗，留给人无限惆怅。朱熹认为："此亦男女期会而有负约不至者，故因其所见以起兴也。"得诗之旨。

东门之杨，　　　　　东门外面有白杨，
其叶牂牂①。　　　　枝繁叶茂好地方。
昏以为期②，　　　　相约黄昏来相会，
明星煌煌③。　　　　等到众星闪闪亮。

【注释】

①牂牂（zāng）：枝叶茂盛的样子。

②昏:黄昏。期:约定。

③明星:明亮的星星。一说指启明星。煌煌:明亮的样子。

东门之杨,	东门外面有白杨,
其叶肺肺①。	风吹树叶沙沙响。
昏以为期,	相约黄昏来相会,
明星晢晢②。	等到启明星儿亮。

【注释】

①肺肺(pèi):也是枝叶茂盛貌。

②晢晢(zhé):明亮貌。

墓门

【题解】

这是一首政治讽刺诗。但讽刺的是何人呢?《毛诗序》说:"《墓门》,刺陈佗也。"陈佗是春秋时陈国国君桓公的弟弟,他在桓公生病时杀死了太子免,并在桓公死后篡位,陈国因而大乱。朱熹则认为讽刺对象不详,他说"所谓不良之人,亦不知其何所指也"(《诗集传》)。不管指谁,从诗中可看出是个做了坏事不知改悔的坏东西。

墓门有棘①,	墓门有棵酸枣树,
斧以斯之②。	拿起斧头劈掉它。
夫也不良③,	那人不是善良辈,
国人知之。	国人全都知道他。

知而不已，　　　　　　　知道他也不改正，
谁昔然矣④。　　　　　　　从前就是这德行。

【注释】

①墓门：墓道之门。一说为陈国城门。

②斯：劈开。

③夫：彼，指不良之人。

④谁昔：畴昔，从前。

墓门有梅①，　　　　　　　墓门有棵酸枣树，
有鸮萃止②。　　　　　　　猫头鹰在上面住。
夫也不良，　　　　　　　那人不是善良人，
歌以讯之③。　　　　　　　唱歌劝他要醒悟。
讯予不顾，　　　　　　　劝勉告诫他不顾，
颠倒思予④。　　　　　　　想起我言难(nàn)临头。

【注释】

①梅：应作"棘"。"梅"的古文作"槑"，与"棘"形似而误。

②鸮(xiāo)：猫头鹰。古人以为不祥之鸟。萃：集，停息。止：语尾
　助词。

③讯：亦作"谇"，劝谏之意。

④颠倒：指国事纷乱。

防有鹊巢

【题解】

　　这是相爱的人害怕被人离间而失去爱情所唱的歌。诗中列举了三种世上不可能发生的事,坚信他们之间的感情不会变化。但又不能完全清除心中的忧虑,因而又忧心忡忡。《毛诗序》说:"《防有鹊巢》,忧谗贼也。宣公多信谗,君子忧惧焉。"朱熹不同意此说。他说:"此男女之有私,而忧或间之之辞。"方玉润也说:"此诗忧谗无疑,惟《序》以宣公实之,则不得其确。"认为非实指宣公,而是"《风》诗托兴甚远,凡属君亲朋友,意有难宣之处,莫不假托男女夫妇词婉转以达之"(《诗经原始》)。没有指出具体意向。

防有鹊巢①,	哪见过堤上筑鹊巢,
邛有旨苕②。	哪见过土丘长水草。
谁侜予美③?	谁在离间我心上人?
心焉忉忉④。	我心里愁苦又烦恼。

【注释】

①防:堤坝。

②邛(qióng):土丘。旨:味美。苕(tiáo):一种蔓生植物,生在低湿的地上。马瑞辰《毛诗传笺通释》:"鹊巢宜于林木,今言防有,非其所应有也。不应有而以为有,所以为谗言也。……苕生于下湿,今诗言邛有者,亦以喻谗言之不可信。"

③侜(zhōu):欺骗,挑拨。予美:我的爱人。

④忉忉(dāo):忧愁不安的样子。

中唐有甓^①，　　　　　　哪见过庭院瓦铺道，

邛有旨鷊^②。　　　　　　哪见过山上长绶草。

谁侜予美?　　　　　　　　谁在离间我心上人?

心焉惕惕^③。　　　　　　我心里害怕又烦恼。

【注释】

①中唐:古代堂前或门内的甬道。甓(pì):砖瓦。

②鷊(yì):杂色小草,又叫绶草。

③惕惕:恐惧不安的样子。

月出

【题解】

《毛诗序》说:"《月出》,刺好德也。在位不好德,而说美色焉。"说得比较笼统。朱熹《诗集传》则认为:"此亦男女相悦而相念之辞。言月出则皎然矣,佼人则僚然矣,安得见之而舒窈纠之情乎? 是以为之劳心而悄然也。"朱说十分切合诗意。这确是一首月下怀念美人的诗。在一个静谧的夜晚,明月高悬,月光如水。清幽的月色最动人情思,青年男子不由地思念起自己心中爱慕的姑娘。但这美丽的姑娘如同天上的月亮一样,是那样的可望而不可即,甚至只是可想而不可见,怎能不让他心烦意乱,忧思百结! 诗中的景象并不是现实中的真实图景,正如陈子展所说,是从"幻想虚神着笔"(《诗经直解》),因此营造出一个迷离缥缈的神秘境界,使全诗有一种朦胧的美。《神女赋》和《洛神赋》大概受到此诗的启发。还应指出的是,《月出》诗首次揭示出望月和思念之间的关系,对后代诗人的启发很大,唐代李白、杜甫、王昌龄等诗人的一些怀人诗都写到了月亮、月光。见月怀人和望月思乡几乎成了一条创作的

规律。

月出皎兮①，	明月皎皎出天空，
佼人僚兮②。	美人娇美体轻盈。
舒窈纠兮③，	缓步慢走多妖娆，
劳心悄兮④。	想她使我心焦躁。

【注释】

①皎：形容月光清澈明亮。

②佼(jiǎo)：美好。僚(liǎo)："嫽"的假借字，娇美的样子。

③舒：缓，形容女子端庄文静。窈纠(yǎo jiǎo)：联绵词，形容女子
轻盈柔美的姿态。下两章"忧(yǒu)受""夭绍"，义同。

④劳：忧。悄：忧愁的样子。下两章"慅(cǎo)""惨"，义同"悄"。

月出皓兮①，	明月皓皓挂天空，
佼人㥃兮②。	月下美人真俊俏，
舒忧受兮，	步履舒缓身婀娜，
劳心慅兮。	想她使我心烦恼。

【注释】

①皓(hào)：清澈明亮。

②㥃(liú)："婟"的假借字。《广韵》："婟，美好。"

月出照兮，	明月高悬照四方，
佼人燎兮。	美人月下神采扬。

舒夭绍兮，　　　　　　　缓步行来姿态美，
劳心惨兮。　　　　　　　想她使我心忧伤。

株林

【题解】

　　这是诗人用委婉含蓄之笔,讽刺陈灵公和夏姬淫乱之诗。《毛诗序》说:"《株林》,刺灵公也。淫乎夏姬,驱驰而往,朝夕不休息焉。"夏姬是郑穆公之女,嫁给陈大夫夏御叔。生子夏徵舒,字子南。据《左传》宣九年、十年记载,夏姬很漂亮,陈灵公和他的大臣孔宁、仪行父都与之私通,而且肆无忌惮。有一次,君臣三人在夏姬家饮酒,灵公被夏姬的儿子夏徵舒杀死。孔宁、仪行父逃亡国外。诗之所咏,就是陈灵公朝夕来往于夏氏株邑,并在夏氏邑中修建台阁之事。诗中说在株林筑台是为了找夏南,不明说找夏姬,运用的是婉讽的方法。方玉润《诗经原始》评论说:"灵公与其臣孔宁、仪行父淫于夏姬,事见《春秋传》。而此诗故作疑信之谓,非特诗人忠厚,不肯直道人隐,抑亦善摹人情,如见忸怩之态。……诗人即体此情为之写照,不必更露淫字,而宣淫无忌之情已跃然纸上,毫无遁形,可谓神化之笔。"

胡为乎株林①?　　　　　为何要到株林去?
从夏南②;　　　　　　　那是为了找夏南;
匪适株林③,　　　　　　不是为到株林玩,
从夏南!　　　　　　　　而是为了找夏南!

【注释】

　①株林:地名,是陈大夫夏徵舒的食邑。在今河南西华西南,夏亭

镇北。一说株为邑名,邑外有林。亦可。

②从:当训为"因"。夏南:即夏徵舒,字子南,以氏配字,谓之夏南,夏姬之子。

③匪:非,不是。适:往。

驾我乘马①,	驾着我的马车跑,
说于株野②;	株林郊外卸下鞍;
乘我乘驹③,	再换我的矫健马,
朝食于株④。	奔到株林吃早餐。

【注释】

①我:指陈灵公。陈奂《诗毛氏传疏》:"我,我灵公也。"诗人代用其口吻。

②说:通"税",停车。

③乘:驾,动词。乘驹:当作"乘骄"。陈奂《诗毛氏传疏》:"驹,当依《释文》作'骄'。乘骄,四马皆骄也。《汉广》传:'五尺以上曰骄。'"

④朝食:早餐。

泽陂

【题解】

这是一首爱情诗,写一位男子追求他的心上人而不可得的烦恼。也有人认为是女子追求男子的诗。从诗中"寤寐无为,涕泗滂沱""中心悁悁""辗转伏枕"等句子看,是和《关雎》《月出》相类的诗,都是叙述相思及追求不到的痛苦和忧愁。《毛诗序》说:"《泽陂》,刺时也。言灵公君臣淫于其国,男女相说,忧思感伤焉。"此《序》前后内容不相连属,也无因果关系,纯为牵强附会。还是朱熹说得明白,他说:"此诗之旨与《月出》相类,言彼泽之陂,则有蒲与荷矣,有美一人而不可见,则虽忧伤而如之何哉? 寤寐无为,涕泗滂沱而已。"

彼泽之陂①,	池塘四周有堤坝,
有蒲与荷②。	池中有蒲草与荷花。
有美一人,	那边有个美人儿,
伤如之何③?	我爱他(她)爱得没办法。
寤寐无为④,	日夜想他(她)难入睡,
涕泗滂沱⑤。	哭得眼泪哗啦啦。

【注释】

①泽:池塘。陂(bēi):堤岸。

②蒲:一种水草。

③伤:因思念而忧伤。

④无为:无办法。

⑤涕:眼泪。泗:鼻涕。滂沱(pāng tuó):本意是雨下得大,此处形容泪涕俱下的样子。

彼泽之陂,	池塘四周堤坝高,
有蒲与蕑①。	池中有莲蓬与蒲草。
有美一人,	那边有个美人儿,
硕大且卷②。	身材修长容貌好。
寤寐无为,	日夜想他(她)睡不着,

中心悁悁③。   内心郁闷愁难熬。

【注释】

①蕳(jiān)：《鲁诗》作"莲"。莲蓬，荷花的果实。

②卷：头发卷曲而美的样子。

③悁悁(yuān)：忧郁的样子。

彼泽之陂，   池塘四周堤坝高，

有蒲菡萏①。   池中有荷花与蒲草。

有美一人，   那边有个美人儿，

硕大且俨②。   身材修长风度好。

寤寐无为，   日夜想他(她)睡不着，

辗转伏枕。   伏枕辗转多烦恼。

【注释】

①菡萏(hàn dàn)：荷花。

②俨：端庄矜持的样子。

桧风

"桧(kuài)风",即桧地的乐调。桧地在今河南郑州、新镇、荥阳、密县一带。其君妘姓,祝融之后。周平王初,为郑武公所灭,其地为郑所有。今存诗四篇,一般认为都是郐亡国之前的诗,格调低沉忧伤。

羔裘

【题解】

这首诗有两种解释:一是讽刺国君耽于豪华而忽视政治,臣下谏而不听,于是作了这首政治怨刺诗。《毛诗序》说:"《羔裘》,大夫以道去其君也。国小而迫,君不用道,好洁其衣服,逍遥游燕,而不能自强于政治,故作是诗也。"方玉润也认为此诗是"伤桧君贪冒,不知危在旦夕也","此必国势将危,其君不知,犹以宝货为奇,终日游宴,边幅是修,臣下忧之,谏而不听,夫然后去。去之而又不忍遽绝其君,乃形诸歌咏以见志也"。二是写情人相思的痛苦。写一位女子思念她心仪的男子,这位男子是位官员,平时闲居穿着羔皮衣,上朝时穿着狐皮裘,这形象深深印在女子的脑海中,一想起他的样子,就使她陷入深深的思恋之苦。我们认为第一种解释更符合诗意。

羔裘逍遥①，　　　　　　你闲游时穿着羔皮袍，
狐裘以朝②。　　　　　　上朝时穿着狐皮氅。
岂不尔思？　　　　　　　怎能让我不忧思？
劳心忉忉③。　　　　　　焦虑不安心忧伤。

【注释】

①羔裘：羊皮裘。朱熹《诗集传》："缁衣羔裘，诸侯之朝服。"逍遥：
　悠闲游荡之貌。
②狐裘：狐皮制成的皮袄。朝：上朝，指朝见国君。朱熹《诗集传》：
　"锦衣狐裘，其朝天子之服也。"
③忉忉：忧思不安貌。

羔裘翱翔①，　　　　　　你闲逛时披着羔皮衣，
狐裘在堂②。　　　　　　上朝时穿着狐皮氅。
岂不尔思？　　　　　　　怎能让我不忧思？
我心忧伤！　　　　　　　思念使我心忧伤！

【注释】

①翱翔：遨游。
②堂：指朝堂，与上"朝"意同。

羔裘如膏①，　　　　　　羔皮大衣洁白如膏，
日出有曜②。　　　　　　日光下更显得光彩闪耀。
岂不尔思？　　　　　　　怎能让我不忧思？
中心是悼③！　　　　　　内心哀伤怎忘掉！

【注释】

①膏:油脂,这里形容皮毛光洁。

②曜(yào):光耀。

③悼:哀伤。

素冠

【题解】

　　对于此诗的主旨也有多种说法。《毛诗序》说:"刺不能三年。"即讽刺时人不能遵从守丧三年的古礼。清人姚际恒《诗经通论》对此说作了有力驳斥。姚氏认为:"此诗本不知指何事何人,但'劳心'、'伤悲'之词,'同归'、'如一'之语,或如诸篇以为思君子可以,为妇人思男亦可。何必泥'素'之一字乎?"方玉润《诗经原始》则认为:"《素冠》,伤桧君被执,愿与同归就戮也。""窃以为桧人素服,必其人以非罪而在缧绁之中,适所服者素服耳,而幸而见之,以至于伤悲。愿与同归如一者,非其所亲,即素所爱敬之人,故至'劳心怦怦'而不能自已也。然律以首篇之义,或桧君国破被执,拘于丛棘,其臣见之不胜悲痛,愿与同归就戮,亦未可知。"还有人认为是一篇悼亡诗,是一位妇女为悼念亡夫而作。

庶见素冠兮①,　　　　　　看你戴着白帽的形象,
棘人栾栾兮②,　　　　　　见你骨瘦如柴不成人样,
劳心怦怦兮③。　　　　　　让我心中万分忧伤。

【注释】

①庶:幸也。素冠:白帽。

②棘人:瘠瘦。或以为服罪之人。栾栾:拘栾之意。

③慱慱(tuán):忧思之貌。

庶见素衣兮,
我心伤悲兮,
聊与子同归兮[1]。

见你身着白衣的模样,
我心顿时陷入巨大悲伤,
我愿与你同归无论何方。

【注释】

①聊:愿,一说"且"。

庶见素韠兮[1],
我心蕴结兮[2],
聊与子如一兮[3]。

看你系着白色蔽膝的模样,
忧愁顿时郁积在我心房,
愿与你共生死如同一人一样。

【注释】

①韠(bì):蔽膝,古人服饰。

②蕴结:郁结。指胸中悒郁不解。

③如一:如同一人。

隰有苌楚

【题解】

这是写遭遇祸乱的诗。对此诗主旨,历来颇有争议。一说是没落贵族的悲观厌世之作,一说表现政繁赋重,民不堪其苦,叹其不如草木无知无忧之作。还有人认为是女子爱慕一位未婚男子的恋歌。而《毛诗序》说:"《隰有苌楚》,疾恣也。国人疾其君之淫恣,而思无情欲者也。"认为是桧人痛恨其国君荒淫无耻,盼望有一位清心寡欲的国君。仔细玩味此诗,觉得诗中表现的是一种极端的悲苦,如果没有大悲大苦,作为万物之灵的人类,谁会羡慕世间的动植物呢!联系桧国在东周初年被郑国所灭的这段历史,方玉润认为:"此遭乱诗也。""此必桧破民逃,自公族子姓以及小民之有室有家者,莫不扶老携幼,挈妻抱子,相与号泣路歧,故有家不如无家之好,有知不如无知之安也。"(《诗经原始》)此说最切合诗意。

隰有苌楚①,	低洼地上长羊桃,
猗傩其枝②。	蔓长藤绕枝繁茂。
夭之沃沃③,	鲜嫩润泽长势好,
乐子之无知④。	羡慕你没有知觉不烦恼。

【注释】

①隰(xí):低湿的地方。苌(cháng)楚:蔓生植物,又叫羊桃、猕猴桃。

②猗傩(ē nuó):义同"婀娜",茂盛而柔美的样子。

③夭:少。指苌楚处于苗壮成长时期。沃沃:形容叶子润泽的样子。

④乐:喜。这里有羡慕之意。子:指苌楚。

隰有苌楚,	低洼地上长羊桃,
猗傩其华。	蔓长藤绕花儿俏。
夭之沃沃,	鲜嫩润泽长势好,
乐子之无家①。	羡慕你无牵无挂无家小。

【注释】

①无家:没有家室。下章"无室"义同。

隰有苌楚,	低洼地上长羊桃,
猗傩其实。	果实累累挂蔓条。
夭之沃沃,	鲜嫩润泽长势好,
乐子之无室。	羡慕你没有家室要关照。

匪风

【题解】

这首诗到底说的是什么,历来众说纷纭。《毛诗序》说:"《匪风》,思周道也。国小政乱,忧及祸难,而思周道焉。"思周道,就是向往周朝的政治。朱熹《诗集传》说:"周室衰微,贤人忧叹而作此诗。"认为此诗是感叹周朝衰微的。还有认为是服役的人思念家乡的,妻子送夫服役的,等等。我们姑且认为这是一首游子或役夫思乡的诗。

匪风发兮①,	风儿刮得呼呼响,
匪车偈兮②。	车子跑得飞一样。
顾瞻周道③,	回头望着离家路,
中心怛兮④。	想念家人真忧伤。

【注释】

①匪风:那风。匪,通"彼",那。发:起。

②偈(jié):车马急驰的样子。

③周道：大道。

④怛（dá）：忧伤。

匪风飘兮①，	风儿刮得直打旋，
匪车嘌兮②。	车子疾驰不安全。
顾瞻周道，	回头望着离家路，
中心吊兮③。	想念家人泪涟涟。

【注释】

①飘：飘风，旋风。这里指风势疾速回旋的样子。

②嘌（piāo）：疾速。

③吊：悲伤。

谁能亨鱼？	谁能烹鱼和烧饭，
溉之釜鬵①。	我来涮锅又洗碗。
谁将西归？	谁将西归回乡去，
怀之好音②。	托他带信报平安。

【注释】

①溉：洗涤。釜：锅。鬵（qín）：大锅。

②怀：遗，带给。好音：平安消息。

曹风

　　曹国地在今山东的菏泽、定陶、曹州一带。周武王封其弟叔振铎于此,公元前五世纪为宋所灭。今存诗四篇。内容有感叹人生短暂的,有叹息盛衰无常的,有讽刺小人的,有赞美荀伯的。大概如方玉润《诗经原始》所说:"其国小事微,诗亦无足重轻。采风者录之,聊以备一国之俗云尔。"

蜉蝣

【题解】

　　蜉蝣是一种朝生暮死的小昆虫,古人常用以比喻人生的短暂,不知自己的归宿在何时何处。这首诗到底是谁在感叹、为何感叹?《毛诗序》说:"《蜉蝣》,刺奢也。昭公国小而迫,无法以自守,好奢而任小人,将无所依焉。"《郑笺》:"喻昭公之朝,其群臣皆小人也。徒整饰其衣裳,不知国之将迫协,君臣死亡无日,如渠略(即蜉蝣)然。"这是说此诗是讽刺曹国君臣的。但朱熹《诗集传》认为:"此诗盖以时人有玩细娱而忘远虑者,故以蜉蝣为比而刺之,言蜉蝣之羽翼犹衣裳之楚楚可爱也。然其朝生暮死,不能久存,故我心忧之,而欲其于我归处耳。《序》以为刺其君,或然而未有考也。"朱氏认为是讽刺当时一些没有远见的人,也有可能是讽刺曹国国君,但无可考证。而方玉润《诗经原始》则认为以上两种说法"均于诗旨未当,盖蜉蝣为物,其细已甚,何奢之有? 取以为比,大不相类。天下刺奢之物甚多,诗人岂独有取于掘土而出、朝生暮死之微虫耶? 即以为玩细娱而忘远虑,亦视乎其人之所关轻重为何如耳。若国君则所系匪轻,小民又何足为重? ……曹即无征,难以臆测,阙之可也。"也认为说讽刺曹国君臣没有证据,因而直接注明诗旨"未详"。我们认为这是一首自我叹息生命短暂、光阴易逝的诗。

蜉蝣之羽①,	蜉蝣展动着翅膀,
衣裳楚楚②。	衣裳鲜明又漂亮。
心之忧矣,	我的心多么忧伤,
于我归处③。	我的归宿在何方。

【注释】

①蜉蝣(fú yóu):昆虫,也叫渠略。形如天牛而小,翅薄而透明,能飞。夏月阴雨时自地中出,朝生而暮死。

②楚楚:鲜明的样子。

③于:同"与"义。归处:指死亡。

蜉蝣之翼,	蜉蝣展翅在飞翔,
采采衣服①。	衣服华丽闪亮亮。
心之忧矣,	我的心多么忧伤,
于我归息。	我会归息在何方。

【注释】

①采采:华丽鲜明的样子。

蜉蝣掘阅①，	蜉蝣穿洞到人间，
麻衣如雪②。	麻衣白亮如雪片。
心之忧矣，	我的心多么忧伤，
于我归说③。	我会归止在何方。

【注释】

①掘阅：穿穴。阅，通"穴"。

②麻衣：白布衣。这里指蜉蝣透明的羽翼。

③说：通"税"，止息。

候人

【题解】

这首诗表达了对清贫劳苦的小官"候人"的同情，同时又嘲讽了那些"不称其服"的新贵。全诗用候人的贫寒劳累和新贵的华服不职相对比，用鹈鹕不捕鱼比喻新贵的不称职，用虹霓的光彩比喻新贵颐指气使的气焰，章法多变，但没有叠床架屋之感。《毛诗序》说："《候人》，刺近小人也。共公远君子而好近小人焉。"认为是讽刺曹共公的。方玉润也赞同此说，并进一步阐明史实："僖二十八年春，晋文公伐曹。三月，入曹。数之以其不用僖负羁（曹国贤大夫），而乘轩者三百人，即诗所谓'三百赤芾'是也。曰'荟蔚'、'朝隮'，言小人众多而气焰盛也。曰'婉娈'、'斯饥'，言贤者守贞而反困穷也。"（《诗经原始》）可备一说。

彼候人兮①，	官职低微的候人，
何戈与祋②。	背着长戈和祋棍。
彼其之子，	那些朝中新贵们，

三百赤芾③。　　　　　　　　身穿朝服三百人。

【注释】

①候人:掌管迎送宾客的小官。

②何:同"荷",扛,担。戈、祋(duì):古代兵器名。

③赤芾(fú):皮革做的红色蔽膝。《毛传》:"大夫以上,赤芾乘轩。"
　这是"彼其之子"的装束。

维鹈在梁①,　　　　　　　　鹈鹕守在鱼梁上,
不濡其翼②。　　　　　　　　居然未曾湿翅膀。
彼其之子,　　　　　　　　　那些朝中新贵们,
不称其服。　　　　　　　　　哪配身穿贵族装。

【注释】

①鹈(tí):即鹈鹕,一种水鸟。《孔疏》:"郭璞曰:鹈鹕好群飞,如水
　食鱼,故名洿泽。"梁:水中鱼坝。

②濡:沾湿。

维鹈在梁,　　　　　　　　　鹈鹕守在鱼梁上,
不濡其咮①。　　　　　　　　嘴都不湿不应当。
彼其之子,　　　　　　　　　那些朝中新贵们,
不遂其媾②。　　　　　　　　得宠称心难久长。

【注释】

①咮:鸟嘴。

②遂：遂意，称心。媾(gòu)：宠爱。

荟兮蔚兮①，	云漫漫啊雾蒙蒙，
南山朝隮②。	南山早晨出彩虹。
婉兮娈兮③，	娇小可爱候人女，
季女斯饥④。	没有饭吃饿肚肠。

【注释】

①荟(huì)、蔚：云雾弥漫的样子。

②朝隮(jī)：早上的彩虹。隮，虹。

③婉、娈：柔顺美好的样子。

④季女：少女。此指候人的幼女。斯：语助词。

鸤鸠

【题解】

《鸤鸠》一篇讲的是什么，历来有众多说法。陈子展说："究竟此诗主题维何？歧解之多，争论之烈，头绪紊乱，不可爬梳，在诗三百中亦为突出之一篇。"(《诗经直解》)有认为是赞美的，赞美谁呢？有美曹叔振铎、美公子臧、美僖负羁、美周公、美晋文公、美一般君子，等等。有认为是讽刺的，刺的是谁呢？有认为刺曹共公、刺晋文公，或不实指其人的。方玉润《诗经原始》则认为："《鸤鸠》，追美曹之先君德足正人也。""诗词宽博纯厚，有至德感人气象。外虽表其仪容，内实美其心德，非歌颂功烈者比。""诗卒章云'正是国人，胡不万年'，则明明有其人在，非虚词也。回环讽咏，非开国贤君，未足当此，故以为'美振铎'之说者，亦庶几焉。"通读全诗，可以肯定地说，这是一篇赞美君子德行的诗。赞美君子

仪表如一,表现他的心志专一坚定。赞美鸤鸠之子逐渐长大,分布于广
阔的田野,自食其力,象征着君子的影响逐渐扩大,以至于"正是四国"
"正是国人"。最后是祝愿他享有长寿之福。

鸤鸠在桑^①,	布谷筑巢桑树上,
其子七兮^②。	养育许多小小鸟。
淑人君子,	贤明高尚的君子,
其仪一兮^③。	仪容始终最美好。
其仪一兮,	仪容始终最美好,
心如结兮^④。	内心坚定有节操。

【注释】

①鸤(shī)鸠:即布谷鸟。

②其子七:旧说布谷有七子。七,虚数,言其多。古人以为鸤鸠有
　七子,早晨喂食从头到尾,下午喂食从尾至头,始终均平如一。

③仪:威仪,即今言风度、仪容。一:始终如一。

④结:凝结,固结。言心之坚定。

鸤鸠在桑,	布谷筑巢桑树上,
其子在梅。	小鸟嬉闹在梅枝。
淑人君子,	贤明高尚的君子,
其带伊丝^①。	腰间大带系素丝。
其带伊丝,	腰间大带系素丝,
其弁伊骐^②。	头上帽儿黑皮饰。

【注释】

①带：大带。缠在腰间，两头垂下。伊：语助词，相当于维、为。

②其弁（biàn）伊骐（qí）：弁是帽子的一种，用布帛或布革制成。马青黑色为"骐"，这里是指弁的颜色为黑色。

鸤鸠在桑，	布谷筑巢桑树上，
其子在棘。	小鸟欢叫酸枣间。
淑人君子，	贤明高尚的君子，
其仪不忒①。	仪容如一不改变。
其仪不忒，	仪容如一不改变，
正是四国②。	各国学习好标杆。

【注释】

①忒（tè）：偏差，差错。

②正：长，领导，指榜样。一说纠正。四国：四方之国。

鸤鸠在桑，	布谷筑巢桑树上，
其子在榛①。	小鸟嬉闹榛树间。
淑人君子，	贤明高尚的君子，
正是国人。	全国民众好长官。
正是国人，	全国民众好长官，
胡不万年②。	祝他长寿万万年。

【注释】

①榛：木名。一说丛生之木。

②胡:何。

下泉

【题解】

　　这首诗是写曹国臣子感伤周王室衰微,各诸侯国以强凌弱,小国得不到保护,因而怀念周初比较安定的社会局面。诗人以寒泉浸草比喻大国侵凌小国,而自己忧愁叹息难以入睡,总是怀想周王朝强盛的日子。方玉润说:"《下泉》,伤周无王,不足以制霸也。""夫天下有道,则礼乐征伐自天子出;天下无道,则礼乐征伐自诸侯出。今晋文入曹,执其君,分其田,以释私憾,宁能使曹人帖然心服乎? 此诗之作,所以念周衰,伤晋霸也。使周而不衰,则'四国有王',彼晋虽强,敢擅征伐? 又况承王命而布王恩者,有九州之伯以制之。昔者,郇国之君尝承是命治诸侯而有功矣,而今不然也。不能不忾然瘤叹,以念周京,如苞稂之见浸下泉,日芜没而自伤耳。"《毛诗序》说:"《下泉》,思治也。曹人疾共公侵刻下民,不得其所,忧而思明王贤伯也。"《序》认为此诗主旨为曹人痛恨曹共公,而思念贤明君王的出现。

冽彼下泉①,	寒冽泉水往外冒,
浸彼苞稂②。	浸泡丛丛狗尾草。
忾我寤叹③,	醒来不由长叹息,
念彼周京④。	怀念强盛周王朝。

【注释】

①冽(liè):寒冷。下泉:地下的泉水。

②苞:植物丛生貌。稂(láng):像谷子的一种野草,也叫狗尾巴草。

③忾(kài):叹息声。

④周京:西周国都镐(hào)京。下两章的"京周""京师"均指镐京。

冽彼下泉，	寒冽泉水往外冒，
浸彼苞萧①。	浸泡丛丛艾蒿草。
忾我寤叹，	醒来不由长叹息，
念彼京周。	镐京让我梦魂绕。

【注释】

①萧：艾蒿。

冽彼下泉，	寒冽泉水往外冒，
浸彼苞蓍①。	浸泡丛丛野蓍草。
忾我寤叹，	醒来不由长叹息，
念彼京师。	怀念京城睡不着。

【注释】

①蓍（shī）：多年生草本植物，即“蓍草”。

芃芃黍苗①，	糜子苗儿壮又高，
阴雨膏之②。	阴雨绵绵把它浇。
四国有王③，	各国诸侯皆朝周，
郇伯劳之④。	郇侯奉命来慰劳。

【注释】

①芃芃（péng）：茂盛的样子。

②膏：滋润。

③四国：四方。

④郇（xún）伯：指晋大夫荀跞。他曾护卫周敬王返回成周。劳：慰劳。

豳风

"豳风"是豳地的乐调。豳即今陕西彬州、旬邑一带,本是周的先人公刘开发的地方。平王东迁,豳地为秦所有。可见"豳风"全部产生在西周,是《国风》中最早的诗。《汉书·地理志》云:"昔后稷封斄,公刘处豳,太王徙岐,文王作酆,武王治镐,其民有先王遗风,好稼穑,务本业,故《豳诗》言农桑衣食之本甚备。"所存诗七篇,《七月》是一首典型的农事诗。还有几篇与东方关系颇密,如《破斧》《东山》。旧说七篇诗皆与周公有关,周公又是封于东方之鲁的,所以有人认为"豳风"就是"鲁诗",所以名作"豳风",可能是西人东征,将东方的歌辞采了回来,而用豳地的调子演唱的。

七月

【题解】

这是一首很有代表性的、规模宏大的叙事诗。它叙述了西周农民一年到头的繁重劳动和艰苦生活,从这些叙述中透露出贵族和农民生活的悬殊,鲜明地反映出当时的阶级关系。此诗通篇用"赋"的手法,以节序为脉络,铺写农民的劳动与生活,各章节还不时出现景物的点缀,增加了诗的魅力。如写蟋蟀从野外到床下的迁移,形象地写出了季节的变化。另外双声词、联绵词的运用，也增加了浓郁的诗味，使此诗不仅有"史"的价值，还有很高的欣赏价值。对于此诗前人有极高的评价，方玉润说："此诗之佳，尽人能言。其大旨所关，则王氏云：'仰观星日霜露之变，俯察昆虫草木之化，以知天时，以授民事。女服事乎内，男服事乎外。上以诚爱下，下以忠利上。父父子子，夫夫妇妇，养老而慈幼，食力而助弱。其祭祀也时，其燕飨也简'。数语已尽其义，无余蕴矣。"对诗的语言表达，也推崇备至。他说："今玩其辞，有朴拙处，有疏落处；有风华处，有典核处；有萧散处，有精致处；有凄婉处，有山野处；有真诚处，有华贵处；有悠扬处，有庄重处。无体不备，有美必臻。晋、唐后，陶、谢、王、孟、韦、柳田家诸诗，从未见臻此境界。姚氏际恒云：'鸟语虫鸣，草荣木实，似《月令》。妇子入室，茅绹升屋，似风俗书。流火寒风，似《五行志》。养老慈幼，跻堂称觥，似庠序礼。田官染职，狩猎藏冰，祭献执功，似国典制书。其中又有似《采桑图》《田家乐图》《食谱》《谷谱》《酒经》。一诗之中，无不具备，洵天下之至文也。"这些评价，虽亦有所溢美，或有失当之处，但对我们理解和欣赏此诗还是有启迪的。《毛诗序》说："《七月》，陈王业也。周公遭变，故陈后稷先公风化之所由，致王业之艰难也。"据此，后人多认为此诗为周公所作。但崔述《丰镐考信录》认为："玩此诗醇古朴茂，与成、康时诗皆不类。……然则此诗当为大王以前豳之旧诗，盖周公述之以戒成王，而后世因误为周公所作耳。"方玉润也说："《豳》仅《七月》一篇所言皆农桑稼穑之事，非躬亲陇亩，久于其道者，不能言之亲切有味也如是。周公生长世胄，位居冢宰，岂暇为此？且公刘世远，亦难代言。此必古有其诗，自公始陈王前，俾知稼穑艰难，并王业所自始，而后人遂以为公作也。"崔、方二氏讲得很有道理，这样规模宏大的农事诗，必定有长年累月的积累流传过程，最后成于谁手，很难考定。

七月流火①，　　　　　　　　　七月火星偏西方，

九月授衣②。	九月叫人缝衣裳。
一之日觱发③，	十一月北风呼呼响，
二之日栗烈④。	十二月寒气刺骨凉。
无衣无褐⑤，	粗布短衣都没有，
何以卒岁？	如何过冬费思量。
三之日于耜⑥，	正月把农具修理好，
四之日举趾⑦。	二月下地种田忙。
同我妇子，	老婆孩子一起去，
馌彼南亩⑧。	吃饭送到地头上。
田畯至喜⑨。	田官来看喜洋洋。

【注释】

①流：向下行。火：星名，亦称"大火"。每年夏历六月此星出现于正南方，位置最高，七月以后就偏西向下，所以称"流火"。

②授衣：把裁制冬衣的差事分配给妇女。

③一之日：夏历的十一月。觱发(bì bō)：大风吹物发出的声音。

④二之日：夏历的十二月。栗烈：即"凛冽"，寒气刺骨。

⑤褐(hè)：粗布制的短衣。

⑥三之日：夏历的正月。于：为。这里指修理。耜(sì)：古代翻土农具。

⑦四之日：夏历的二月。举趾：抬脚下田去耕种。

⑧馌(yè)：送饭。南亩：泛指田地。

⑨田畯(jùn)：农官。

七月流火，	七月火星偏西方，

九月授衣。　　　　　　九月叫人缝衣裳。
春日载阳①，　　　　　　春天的太阳暖洋洋，
有鸣仓庚②。　　　　　　黄莺儿枝头把歌唱。
女执懿筐③，　　　　　　姑娘提着深竹筐，
遵彼微行④，　　　　　　沿着小路采摘忙，
爰求柔桑⑤。　　　　　　专采那些柔嫩桑。
春日迟迟，　　　　　　　春日的白天真是长，
采蘩祁祁⑥。　　　　　　采来的蒿叶一筐筐。
女心伤悲，　　　　　　　采蒿姑娘心悲伤，
殆及公子同归⑦。　　　　怕那公子把我抢。

【注释】

①载：开始。阳：暖和。

②仓庚：黄莺。

③懿（yì）筐：深筐。

④遵：沿着。微行（háng）：小路。

⑤爰（yuán）：于是。柔桑：嫩桑叶。

⑥蘩（fán）：白蒿。祁祁（qí）：很多的样子。

⑦殆（dài）：怕。

七月流火，　　　　　　　七月火星偏西方，
八月萑苇①。　　　　　　八月打获割苇忙。
蚕月条桑②，　　　　　　养蚕时节修桑树，
取彼斧斨③。　　　　　　拿起斧头臂高扬。
以伐远扬④，　　　　　　长条高枝修剪光，

猗彼女桑⑤。	拉着短枝采嫩桑。
七月鸣䴗⑥,	七月伯劳把歌唱,
八月载绩⑦。	八月纺麻织布忙。
载玄载黄,	染上颜色黑或黄,
我朱孔阳⑧,	我染红色最鲜亮,
为公子裳。	为那公子做衣裳。

【注释】

①萑(huán)苇:荻草和芦苇。

②条桑:修剪桑枝。

③斧斨(qiāng):斧柄为圆孔的叫斧,方孔的叫斨。

④远扬:指过长过高的桑枝。

⑤猗(yī):"掎"的借字,拉着。女桑:嫩桑叶。

⑥䴗(jú):伯劳鸟。

⑦载:开始。绩:纺织。

⑧孔阳:鲜明。

四月秀葽①,	四月远志结了子,
五月鸣蜩②。	五月知了叫得响。
八月其获,	八月庄稼收割忙,
十月陨萚③。	十月落叶随风扬。
一之日于貉④,	十一月忙着打狗獾,
取彼狐狸,	还要剥那狐狸皮,
为公子裘。	好给公子制冬裳。
二之日其同,	十二月大家齐聚会,

载缵武功⑤。	继续打猎演练忙。
言私其豵⑥,	打来小猪自己吃,
献豜于公⑦。	大猪送到官府上。

【注释】

①秀:长穗或结子。葽(yāo):草名,又叫远志,可入药。

②蜩(tiáo):蝉。

③陨萚(yǔn tuò):草木落叶。

④于:去,往。此指去猎取。貉(hé):形似狐狸,俗称狗獾。

⑤缵(zuǎn):继续。武功:田猎之事,有军事演习之意。

⑥豵(zōng):小猪。此处泛指小兽。

⑦豜(jiān):三岁的大猪。此处泛指大兽。

五月斯螽动股①,	五月蚱蜢弹腿发声响,
六月莎鸡振羽②。	六月纺织娘振翅把歌唱。
七月在野,	七月蟋蟀野外鸣,
八月在宇,	八月屋檐底下唱,
九月在户,	九月进到屋里面,
十月蟋蟀入我床下。	十月来到床下藏。
穹窒熏鼠③,	熏出老鼠堵鼠洞,
塞向墐户④。	塞好柴门封北窗。
嗟我妇子,	干完活儿喊妻儿,
曰为改岁,	眼看新年就要到,
入此室处。	我们就住这间房。

【注释】

①斯螽(zhōng)：蝗虫类鸣虫。动股：两腿相摩擦发声。

②莎(suō)鸡：虫名，纺织娘。振羽：振动翅膀发声。

③穹(qióng)：空隙。窒(zhì)：堵塞。

④向：北窗。墐(jìn)：用泥涂抹。

六月食郁及薁①，	六月吃李子和葡萄，
七月亨葵及菽②。	七月煮葵菜和大豆。
八月剥枣③，	八月树下把枣打，
十月获稻。	十月场上把稻扬。
为此春酒，	酿成春酒扑鼻香，
以介眉寿④。	祈求大家寿且康。
七月食瓜，	七月吃瓜甜如蜜，
八月断壶⑤，	八月葫芦摘下秧，
九月叔苴⑥。	九月麻子好收藏。
采荼薪樗⑦，	准备好野菜和柴草，
食我农夫。	农夫靠这度时光。

【注释】

①郁：植物名，果实像李子。薁(yù)：野葡萄。

②亨："烹"的本字，煮。葵：菜名。菽：豆子。

③剥："扑"的借字，扑打。

④介(gài)：借为"丐"，祈求。眉寿：长寿。

⑤断壶：摘下葫芦。

⑥叔：拾取。苴(jū)：麻子。

⑦荼(tú)：苦菜。薪樗(chū)：把樗当柴烧。樗，臭椿树。

九月筑场圃①，	九月建好打谷场，
十月纳禾稼。	十月粮食进谷仓。
黍稷重穋②，	黍子谷子和高粱，
禾麻菽麦。	还有小米豆麦各种粮。
嗟我农夫，	叹我农夫苦命汉，
我稼既同③，	地里农活刚刚完，
上入执宫功④。	又到官府把活干。
昼尔于茅⑤，	白天野外割茅草，
宵尔索绹⑥。	夜里搓绳到天晓。
亟其乘屋⑦，	赶忙把屋修理好，
其始播百谷。	播种时节又来到。

【注释】

①筑场圃：把菜园改建成打谷场。过去农民一地两用，春为菜园，秋为打谷场。

②重穋：即"穜穋(tóng lù)"，两种谷类。穜，早种晚熟。穋，晚种早熟。

③同：集中，收齐。

④上：通"尚"，还要。执：执行，指服役。宫功：室内的事，指统治者家内的活计。

⑤于茅：去割茅草。

⑥索绹(táo)：搓绳子。

⑦亟：急，赶快。乘屋：登上屋顶修缮。

二之日凿冰冲冲^①，	腊月凿冰冲冲响，
三之日纳于凌阴^②。	正月送往冰窖藏。
四之日其蚤^③，	二月举行祭祖礼，
献羔祭韭。	献上韭菜和羔羊。
九月肃霜，	九月天高气又爽，
十月涤场。	十月清扫打谷场。
朋酒斯飨^④，	捧上两樽甜米酒，
曰杀羔羊。	杀些大羊和小羊。
跻彼公堂^⑤，	登上台阶进公堂，
称彼兕觥^⑥，	牛角杯儿举头上，
万寿无疆！	齐声同祝"万寿无疆"。

【注释】

①冲冲：凿冰声。

②凌阴：冰窖。

③蚤：通"早"，古代的一种祭祖仪式。

④朋酒：两杯酒。飨：乡人相聚宴饮。

⑤跻：登上。

⑥称：举杯敬酒。兕觥（sì gōng）：古代一种用犀牛角制成的大
　酒杯。

鸱鸮

【题解】

这是一首寓言诗。诗人假托小鸟诉说它遭到鸱鸮欺凌迫害时的种

种痛苦,表达出对生活悲苦忧惧的情绪。想必诗人身处险境,又不能明指侵害他的人,就用这种隐晦的方法来表达。而具体所指,已不可考。《毛诗序》说:"《鸱鸮》,周公救乱也。成王未知周公之志,公乃为诗以遗王,名之曰《鸱鸮》焉。"《郑笺》:"未知周公之志者,未知其欲摄政之意。"这显然是根据《尚书·金縢》的记载。《金縢》说:"周公居东二年,则罪人斯得。于后,公乃为诗以贻王,名之曰《鸱鸮》。"《史记·鲁周公世家》也有类似记载,后人据此认为《鸱鸮》的作者是周公。但经近人考证,《金縢》一篇为伪作,所以《毛诗序》的说法也未必可信。此诗是我国最早的寓言诗,影响深远。后世出现了很多优秀的寓言诗,如汉乐府《蜨(dié)蝶行》《枯鱼过河泣》,三国魏曹植的《野田黄雀行》《七步诗》,唐代杜甫的《义鹘行》、韩愈的《病鸱》、柳宗元的《蚑(qí)鸟词》等等,可以说,其源头就是《诗经》的《鸱鸮》诗。

鸱鸮鸱鸮①,	猫头鹰啊猫头鹰,
既取我子,	你已抓走我小鸟,
无毁我室②。	不要再毁我的巢。
恩斯勤斯③,	辛辛苦苦来抚育,
鬻子之闵斯④。	为了儿女我心焦。

【注释】

①鸱鸮(chī xiāo):猫头鹰,一种猛禽,昼伏夜出,捕食兔、鼠、小鸟等。

②室:鸟窝。

③恩斯勤斯:恩,《鲁诗》作"殷","恩"与"殷"意同,"殷""勤"在这里有尽心、勤苦之意。斯,语助词。

④鬻(yù)子之闵(mǐn)斯:此句意为因抚育小鸟而忧心。鬻,通

"育",养育。闵,忧苦。

迨天之未阴雨①,	趁着天晴没下雨,
彻彼桑土②,	赶快剥点桑根皮,
绸缪牖户③。	把那门窗修补好。
今女下民④,	现在你们下面人,
或敢侮予?	谁敢把我来欺扰。

【注释】

①迨(dài):趁着。

②彻:取。桑土:即"桑杜",桑根。土,《韩诗》作"杜"。

③绸缪(móu):缠绵,缠绕。这里有修补之意。牖(yǒu)户:窗和门。
这里代指鸟窝。

④下民:指鸟巢下的人。

予手拮据①,	我手累得已拘挛,
予所捋荼②。	采来野草把窝垫。
予所蓄租③,	我还贮存过冬粮,
予口卒瘏④,	嘴巴累得满是伤,
曰予未有室家。	窝儿还是不安全。

【注释】

①手:指鸟的爪子。拮(jié)据:爪子因劳累伸展不灵活。

②捋(luō):用手自上而下勒取。荼(tú):苦菜。

③蓄:积蓄。租:指鸟食。

④瘏(tú):病。

予羽谯谯①,	我的羽毛像枯草,
予尾翛翛②。	我的尾巴毛稀少。
予室翘翘③,	我的巢儿险而高,
风雨所漂摇④,	风雨之中晃又摇,
予维音哓哓⑤!	吓得只能尖声叫。

【注释】

①谯谯(qiáo):羽毛枯焦无光泽。

②翛翛(xiāo):羽毛稀疏的样子。

③翘翘:高而危险的样子。

④漂摇:同"飘摇",晃动,摇动。

⑤哓哓(xiāo):鸟的惊叫声。

东山

【题解】

《毛诗序》说:"《东山》,周公东征也。周公东征,三年而归。劳归士,大夫美之,故作是诗也。"认为这是大夫美周公的诗。方玉润《诗经原始》认为:"此周公东征凯还以劳归士之诗。《小序》但谓'东征',则与诗情不符。《大序》又谓士大夫美周公而作,尤谬。诗中所述,皆归士与其室家互相思念,及归而得遂其生还之词,无所谓美也。盖公与士卒同甘苦者有年,故一旦归来,作此以慰劳之。因代述其归思之切如此,不啻出自征人肺腑,使劳者闻之,莫不泣下,则平日之能得士心而致其死力者,盖可想见。"方氏所说"诗中所述,皆归士与其室家互相思念,及归而得遂其生还之词"的概括是比较正确的,但说诗是周公"代述其归思之切",则与诗的内容不符。我们认为这是一首远征士兵在归家途中思念家乡和亲人的诗,通篇表现的都是士兵归途中的绵绵思绪。首先他回忆了从征时含枚行军、夜宿车下的艰苦生活。接着想象家里可能已变成蛛网丛结、野兽出没的荒芜之地。又想象妻子可能在洒扫庭院,盼他归来,并联想到新婚时的情景。转念又想:不知现在见面又会是怎样的情景呢？心中充满了激动和期待。如果没有亲身经历,绝对写不出这样情真意切的诗篇。此诗是《国风》中最为出色的抒情诗之一。诗人那发自肺腑的吟唱,通过内容不同的四个章节,唱出了感情跌宕、音调繁复的归乡曲,读来使人如临其境。

我徂东山①,	我到东山去打仗,
慆慆不归②。	长期不能回故乡。
我来自东,	今日我从东方回,
零雨其濛③。	濛濛细雨洒身上。
我东曰归,	我刚听说要回乡,
我心西悲④。	西望家乡心悲伤。
制彼裳衣,	穿上一身百姓装,
勿士行枚⑤。	不再衔枚上战场。
蜎蜎者蠋⑥,	山蚕缓缓往前爬,
烝在桑野⑦。	野外桑树是它家。
敦彼独宿⑧,	我把身体缩成团,
亦在车下。	睡在野外战车下。

【注释】

①徂:去,往。东山:诗中出征者服役的地方。

②慆慆(tāo)：长久。

③零雨：细雨。其濛：即"濛濛"。

④西悲：因想念西方的故乡而悲伤。

⑤勿士：不要从事。士，通"事"，二字古通用。行枚：即"衔枚"，古代军人行军时口衔一根短木棍以防出声。这里代指行军打仗。

⑥蜎蜎(yuān)：虫蠕动的样子。蠋(zhú)：野蚕。

⑦烝(zhēng)：乃。桑野：生长桑树的郊野。

⑧敦(duī)彼：即"敦敦"，身体蜷缩成团。

我徂东山，	我到东山去打仗，
慆慆不归。	长期不能回故乡。
我来自东，	今日我从东方回，
零雨其濛。	濛濛细雨洒身上。
果臝之实①，	小小瓜蒌一串串，
亦施于宇②。	藤蔓长长挂房檐。
伊威在室③，	屋内潮湿地鳖跑，
蟏蛸在户④。	门窗结满蜘蛛网。
町疃鹿场⑤，	田地成了野鹿场，
熠耀宵行⑥。	夜间萤火闪亮光。
不可畏也，	家园荒凉不可怕，
伊可怀也⑦。	仍是心中好地方。

【注释】

①果臝(luǒ)：瓜蒌，蔓生葫芦科植物。

②施(yì)：蔓延。

③伊威：虫名，也叫地鳖虫，生长在阴暗潮湿处。

④蟏蛸(xiāo shāo)：虫名，也叫喜蛛。

⑤町畽(tǐng tuǎn)：田舍旁有禽兽践踏痕迹的空地。畽，"疃"，禽兽践踏处。鹿场：野兽活动的地方。

⑥熠耀(yì yào)：闪光的样子。宵行：虫名，也叫萤火虫。

⑦伊：指示代词，指荒芜了的家园。

我徂东山，	我到东山去打仗，
慆慆不归。	长期不能回故乡。
我来自东，	今日我从东方回，
零雨其濛。	濛濛细雨洒身上。
鹳鸣于垤①，	鹳立土堆哀哀鸣，
妇叹于室。	妻在家中叹息长。
洒扫穹窒②，	扫房修屋作准备，
我征聿至③。	盼我征夫早还乡。
有敦瓜苦④，	团团苦瓜苦又苦，
烝在栗薪⑤。	挂在栗木柴堆上。
自我不见，	自从我们不相见，
于今三年。	至今三年日夜想。

【注释】

①鹳(guàn)：一种形似鹤的水鸟。垤(dié)：小土堆。

②穹窒(qióng zhì)：堵塞漏洞。

③征：征人。聿：语助词。

④有敦：即"敦敦"，团团的。瓜苦：苦瓜。

⑤栗薪:栗树柴。

我徂东山，	我到东山去打仗，
慆慆不归。	长期不能回故乡。
我来自东，	今日我从东方回，
零雨其濛。	濛濛细雨洒身上。
仓庚于飞①，	黄莺翩翩空中翔，
熠耀其羽。	羽毛闪闪发亮光。
之子于归②，	想她当初做新娘，
皇驳其马③。	迎亲骏马色红黄。
亲结其缡④，	她娘为她系佩巾，
九十其仪⑤。	种种仪式求吉祥。
其新孔嘉⑥，	新婚时节真美丽，
其旧如之何？	现在重逢会怎样？

【注释】

①仓庚:鸟名,即黄莺。

②之子:这个姑娘,指新婚时的妻子。归:出嫁。

③皇:黄白色。驳:红白色。

④缡(lí):女子出嫁时系的佩巾。

⑤九十:形容婚礼仪式繁多,非确数。

⑥新:指新婚时。孔嘉:非常美丽。

破斧

【题解】

这是歌颂周公东征的诗。周灭殷后,武王将殷地分为三部分,让其弟管叔、蔡叔、霍叔管理。封纣的儿子武庚为诸侯，受三叔的监视。武王死后，成王立，因年幼，由叔父周公摄政。后来武庚纠合管叔、蔡叔以及殷商旧属国起兵反周。周公率兵东征，平定了这次叛乱。随周公东征的士卒，经过艰苦卓绝的战斗，兵器打得都缺损了，最后终于获胜，因而唱出了这首歌。《毛诗序》说："《破斧》，美周公也。"方玉润《诗经原始》说："《破斧》，美周公伐罪救民也。""此四国之民望救于公，如大旱之遇云霓也。盖三叔挟殷以畔，其民陷于叛逆，莫能自拔也久矣。一旦得睹旌旗，拯民水火，非惟四国疆土有所匡固，即我小民亦保全良多。"这里是说周公东征的缘由和后果，对理解诗意很有帮助。此诗章法比较简单，全诗三章，每章只换了三个字，反复吟唱，表达了将士们艰苦奋战，取得胜利的自豪，也表达了对周公的感恩。

既破我斧①，	战斧已经有破损，
又缺我斨②。	大斨也已有缺痕。
周公东征，	周公这次去东征，
四国是皇③。	四国闻风皆惊魂。
哀我人斯④，	周公哀怜我人民，
亦孔之将⑤。	他的恩德大无垠。

【注释】

①斧：圆孔曰"斧"。

②斨(qiāng)：方孔曰"斨"。

③四国：姚际恒曰："四国，商与管、蔡、霍也。"即周公东征平定的四国。或以为殷、东、徐、奄四国。朱熹《诗集传》谓"四方之国"。皇：通"匡"，即匡正、治理。一说借为"惶"，恐慌。

④哀：可怜。一说哀伤，一说借为爱。我人：我们这些人。斯：语

助词。

⑤孔:很,非常。将:大。《郑笺》:"此言周公之哀我民人,其德也甚
　大也。"

既破我斧,	战斧已经有破损,
又缺我锜①。	战锜也已有缺瑕。
周公东征,	周公这次去东征,
四国是吪②。	四国已经被感化。
哀我人斯,	周公哀怜我人民,
亦孔之嘉③。	他的恩德实可嘉。

【注释】

①锜(qí):一种凿类兵器。

②吪(é):感化,变化。一说震惊貌。

③嘉:善,好。

既破我斧,	战斧已被砍破损,
又缺我銶①。	战锹也已有残痕。
周公东征,	周公这次去东征,
四国是遒②。	四国安定已来临。
哀我人斯,	周公哀怜我人民,
亦孔之休③。	恩德之大天下闻。

【注释】

①銶:即"锹"。或以为独头斧。

②逮：团结、安和之意。一说"迫"。

③休：美好，与"嘉""将"意同。

伐柯

【题解】

对此诗有两种不同的解释：一说这是写娶妻要通过媒人介绍，就如同做斧柄要用斧头砍木一样。"媒妁之言"是古代婚姻的主要形式，所以后代请人说媒称"作伐"。另说是赞美周公的。《毛诗序》说："《伐柯》，美周公也。周大夫刺朝廷之不知也。"《郑笺》："成王既得雷雨大风之变，欲迎周公，而朝廷群臣犹惑于管、蔡之言，不知周公之圣德，疑于王迎之礼，是以刺。"仔细阅读此诗，不知何句为美周公，何句为刺群臣。再读《传》《郑笺》和王先谦《诗三家义集疏》，此疑问得以解决。《郑笺》曰："伐柯之道，唯斧乃能之，此以类求其类也，以喻成王欲迎周公，当使贤者先往。……媒者，能通二姓之言，定人室家之道，以喻王欲迎周公，当先使晓王与周公之意者又先往。"王氏《集疏》曰："案：周公能以礼义为国，今成王欲治天下，当迎周公归也。宋苏轼《诗传》曰：'伐柯而不用斧，取妻而不用媒，岂可得哉？今成王欲治国，弃周公而不召，亦不可得也。'最合经意，今从之。"因此诗全用比喻，这种解释也通。

伐柯如何①？	要做斧柄怎么办？
匪斧不克②。	没有斧头可不成。
取妻如何③？	要娶妻子怎么办？
匪媒不得。	没有媒人可不行。

【注释】

①伐:砍伐。柯:斧柄。

②匪:同"非"。克:能。

③取妻:即"娶妻"。

伐柯伐柯,	做斧柄呀做斧柄,
其则不远①。	规则离你并不远。
我觏之子②,	我遇见的好姑娘,
笾豆有践③。	食品摆列真美观。

【注释】

①则:法则,规则。《礼记·中庸》:"'伐柯伐柯,其则不远。'执柯以伐柯,睨而视之,犹以为远,故君子以人治人,改而止。"

②觏(gòu):遇见。之子:指要娶的女子。一说指周公。

③笾(biān)豆:古代盛食品的器具。有践:即"践践",陈列整齐的样子。一说设宴迎接周公。

九罭

【题解】

这是一首赞美周公,挽留周公的诗篇。周公东征,平定了四国的叛乱,实行了安民的措施,受到东人的爱戴。东人欲挽留周公而不得,而作是诗。《毛诗序》说:"《九罭》,美周公也。周大夫刺朝廷之不知也。"方玉润《诗经原始》说:"此东人欲留周公不得,心悲而作是诗以送之也。其意若曰:九罭之鱼乃有鳟鲂,朝廷之士始见衮裳,今我东邑何幸而睹此衮衣绣裳之人乎?无怪其不能久留于兹也。"诗的首章以"九罭之鱼鳟鲂"起兴，以鳟鲂之类大鱼比喻来客的尊贵。第二、三章以"鸿飞遵渚""鸿飞遵陆"，即鸿雁沿水洲远飞、沿着陆地高飞，比喻贵客西归。诗的末章用赋的手法，直接叙述不愿贵客离去的心情。也有人认为这是主人留客的诗，客人是位贵族，而不一定实指周公。

九罭之鱼鳟鲂①，　　　　　细眼网捕得大鳟鲂，
我觏之子②，　　　　　　　我看到的这位贵客，
衮衣绣裳③。　　　　　　　身着龙纹锦绣的衣裳。

【注释】

①九罭(yù)：捕小鱼的细眼网。鳟(zūn)鲂(fáng)：皆指大鱼。
②觏：遇合。
③衮衣：绣有龙纹的礼服，为王公所服。绣裳：彩色下服，为官服。

鸿飞遵渚①，　　　　　　　鸿雁沿着水洲翱翔，
公归无所②，　　　　　　　公爷归途无住宿的地方，
于女信处③！　　　　　　　就在你这儿住两个晚上！

【注释】

①鸿：大雁，一说天鹅。渚：水中小洲。
②无所：无定处。
③信处：再住一夜。两宿为信。

鸿飞遵陆①，　　　　　　　鸿雁沿着陆地高飞，
公归不复②，　　　　　　　公爷归去不可能再回，

于女信宿！　　　　　　就再住两个晚上怎样！

【注释】

①陆：高平之地。

②不复：不再返回。

是以有衮衣兮^①，　　　因此藏起他的绣龙裳，

无以我公归兮^②！　　　不要让我的公爷归去，

无使我心悲兮！　　　　　不要使我心烦恼悲伤！

【注释】

①有：闻一多释为"藏"。

②无以：勿使。以，使。

狼跋

【题解】

《毛诗序》说："《狼跋》，美周公也。周公摄政，远则四国流言，近则王不知。周大夫美其不失其圣也。"方玉润《诗经原始》说："解此诗者，多牵涉成王不信周公，愚殊不取，已数辩之矣。唯朱氏善曰：'物之累于形者，其进退跋疐，无所往而不病。圣人之周于德者，其进退从容，无所往而不宜。盖临大难而不惧，处大变而不忧，断大事而不疑，非道隆德盛者，故不足以语此，非常人所能及也。'数语颇能道得三代圣人气象出，乃是周公本色。诗也善于形容盛德，曰'公孙硕肤'、'赤舄几几'，令人想见诸葛君纶巾羽扇，指挥群材，从容得意时，有此气度也。"此诗用狼的进退皆狼狈不堪的情景，来衬托周公进退从容、无所往而不宜的智

慧品德。可参考。也有人认为这是讽刺贵族王孙的诗。

狼跋其胡①，　　　　　　老狼前行踩下巴，
载疐其尾②。　　　　　　后退又踩长尾巴。
公孙硕肤③，　　　　　　公孙身形美又大，
赤舄几几④。　　　　　　脚穿红鞋稳步踏。

【注释】

①跋：践，踩。胡：老狼颈项下的垂肉。朱熹《诗集传》："胡，颔下悬肉也。"
②载：且。疐（zhì）：脚踩。
③公孙：国君的子孙，此指周公。硕：大。肤：美。
④赤舄（xì）：红色的鞋，贵族所穿。几几：安重貌。

狼疐其尾，　　　　　　老狼后退踩尾巴，
载跋其胡。　　　　　　前行又踩肥下巴。
公孙硕肤，　　　　　　公孙身形美又大，
德音不瑕①。　　　　　　品德声誉美无瑕。

【注释】

①不瑕：无瑕疵，无过错。